W0242734

AHNENFORSCHUNG

Verein für Konsumenteninformation (Hrsg.)
Uli Jürgens

AHNENFORSCHUNG

So erkunden Sie Ihre Familiengeschichte
Alte Aufzeichnungen finden und auswerten
Neue Möglichkeiten durch das Internet

Herausgeber
Verein für Konsumenteninformation (VKI)
Linke Wienzeile 18, 1060 Wien
ZVR-Zahl 389759993
Tel. 01 588 77-0, Fax 01 588 77-73, E-Mail: konsument@vki.at
www.vki.at | www.konsument.at

Geschäftsführung
Dr. Josef Kubitschek
Mag. Dr. Rainer Spenger

Autorin
Uli Jürgens

Lektorat
Doris Vajasdi

Grafische Gestaltung/Produktion
Günter Hoy

Fotos Textteil
Uli Jürgens
(wenn nicht anders angegeben)

Druck
Holzhausen Druck GmbH,
2120 Wolkersdorf

Bestellungen
KONSUMENT Kundenservice
Mariahilfer Straße 81, 1060 Wien
Tel. 01 588 774, Fax 01 588 77-72
E-Mail: kundenservice@konsument.at

© 2020 Verein für Konsumenteninformation, Wien
Printed in Austria

Das Werk ist urheberrechtlich geschützt. Alle dadurch begründeten Rechte, insbesondere die der Bearbeitung, der Übersetzung, des Nachdruckes, der Entnahme von Abbildungen, der Funksendung, der Wiedergabe auf fotomechanischem oder ähnlichem Wege und der Speicherung in Datenverarbeitungsanlagen, bleiben ohne vorherige schriftliche Zustimmung des Verlages (auch bei nur auszugsweiser Verwertung) vorbehalten. Gebrauchsnamen, Handelsnamen, Warenbezeichnungen usw. in diesem Buch sind auch ohne besondere Kennzeichnung im Sinne der Warenzeichen- und Markenschutz-Gesetzgebung nicht als frei zu betrachten.
Produkthaftung: Sämtliche Angaben in diesem Fachbuch erfolgen trotz sorgfältiger Bearbeitung und Kontrolle ohne Gewähr. Eine Haftung des Autors oder des Verlages aus dem Inhalt dieses Werkes ist ausgeschlossen.
Wir sind bemüht, so weit wie möglich geschlechtsneutrale Formulierungen zu verwenden. Wo uns dies nicht gelingt, gelten die entsprechenden Begriffe im Sinne der Gleichbehandlung grundsätzlich für beide Geschlechter.

Bibliografische Information Der Deutschen Bibliothek
Die Deutsche Bibliothek verzeichnet diese Publikation in der Deutschen Nationalbibliografie; detaillierte bibliografische Daten sind im Internet über <http://dnb.ddb.de> abrufbar.

Verein für Konsumenteninformation
ISBN 978-3-99013-094-0

€ 19,90

Wo komme ich her? Man muss nicht zu den besonders neugierigen Menschen zählen, um diese Frage reizvoll zu finden. Sie kann Lust darauf machen, Antworten zu finden. Wer sich auf die Suche nach seinen Wurzeln begibt, startet eine faszinierende Zeitreise in die Vergangenheit. Mit ein wenig Glück sogar ganz weit zurück.

Familiengeschichte wird zu Zeitgeschichte. Wer waren meine Vorfahren? Wo haben sie gewohnt, wie haben sie geheißen? Welche Rückschlüsse lassen ihre Namen zu? Was ist über ihre Lebensumstände herauszufinden? Was alles könnten sie erlebt haben?

Für Ahnenforschung in dieser Form braucht es kein Studium. Ist das Interesse erst geweckt, sind Geduld, ein wenig Hartnäckigkeit, Forschergeist und einfaches Basiswissen gefragt. Schon bald taucht bei der Erkundung der Familiengeschichte eine erste Frage auf: Wie kommt man zum Beispiel im Stammbaum weiter, wenn sich die schriftlich vorliegenden Spuren in den ältesten Urkunden der Dokumentenmappe verlieren?

Dieses Buch wird Sie motivieren und bei den Recherchen unterstützen. Handfeste Tipps, anschauliche Beispiele und jede Menge Anregungen weisen Ihnen den Weg, wenn Sie selbst nicht mehr weiterwissen. Damit ausgestattet können Sie Ihre Zeitreise Schritt für Schritt fortsetzen.

Wer sich in der Vergangenheit der Familie auf Spurensuche begibt, beginnt ein Puzzle, bei dem zuvor nicht feststeht, wie groß das Bild werden wird. Möglicherweise erwarten Sie neben Erfolgserlebnissen und Überraschungen auch ungelöste Rätsel. Und wenn Sie bei Ihrem Projekt erleben, dass die Erforschung der Familiengeschichte nicht nur spannend sein kann, sondern auch Spaß macht, hat unser Buch seine Bestimmung erfüllt.

Ihr KONSUMENT-Team

Bevor Sie beginnen

Ahnenforschung macht glücklich – wenn Sie zuvor überlegen, ob Sie sich dazu eignen, wie die ersten Schritte aussehen und welche Fehler Sie vermeiden sollten.

Wer bin ich, woher komme ich und wohin gehe ich? Diese Fragen stellt sich wohl jede und jeder im Laufe seines Lebens. Wie sind wir zu dem Menschen geworden, der wir heute sind? Natürlich spielen das Umfeld, in dem wir aufwachsen, und die Erziehung bzw. Sozialisierung eine große Rolle. Doch so manches Detail erschließt sich erst durch die intensive Beschäftigung mit den Vorfahren. Herkunft, Lebensweise und Schicksal unserer Ahnen halten Antworten auf viele Fragen bereit. Im ersten Kapitel geht es zunächst um die Begriffsbestimmung – womit beschäftigt sich die Ahnenforschung überhaupt? Welche Eigenschaften sollten Ahnenforscher mitbringen, welche Tipps gibt es für Anfänger, welche Schwierigkeiten können auftauchen, und wie bringe ich Ordnung in meine Recherchen?

Ahnenforschung – mehr als ein Hobby

In früheren Zeiten haben vor allem **Adelige** ihre Familiengeschichten aufgeschrieben – oder aufschreiben lassen. Sie verfügten über ausreichend Bildung und die Mittel, um kunstvoll gestaltete Familienchroniken in Auftrag zu geben. Diese Bücher erzählen die Geschichte des jeweiligen Adelsgeschlechts, sie enthalten Daten, Namen und wichtige Lebensereignisse. Sie sind heute eine wichtige Quelle für Historiker genauso wie für Hobby-Ahnenforscher. Von den **„einfachen" Leuten** existieren solche Aufzeichnungen eher selten, Forscher müssen in kirchlichen Quellen oder behördlichen Dokumenten nach Antworten suchen. Egal ob Adel oder Bauernschaft – wer sich mit der eigenen Familiengeschichte auseinandersetzt, bekommt nicht nur ein kompletteres Bild der Verwandtschaft, sondern lernt auch sich selbst ein wenig besser kennen. Wenn wir das Gestern kennen, können wird das Heute besser verstehen und das Morgen sinnvoller gestalten. Wer den Älteren zuhört, erfährt Details über das Leben dieser Person und versteht Zusammenhänge oder Entscheidungen besser – hat doch all dies dazu geführt, dass es den Zuhörenden überhaupt gibt. Die mündliche Überlieferung hat jedoch ihre Grenzen, ist von Gefühlen oder Ängsten beeinflusst. Oft werden gerade die heiklen – und vermutlich besonders interessanten – Ereignisse ausgeklammert. Viele „Gschichtln" oder Familienmythen können nur durch intensive Quellenrecherche in Archiven – bei einem Besuch oder online – überprüft werden.

Der Begriff **Genealogie** stammt aus dem Griechischen und setzt sich aus den Wörtern geneá – Geburt, Abstammung, Familie – und lógos – Lehre – zusammen. Er bezeichnet heute allgemeinsprachlich Familienforschung oder Ahnenforschung, also die Suche und Darstellung von Verwandtschaftsbeziehungen. Ausgehend von einer bestimmten Person – dem „Ich" oder einer anderen „Testperson" – werden Vorfahren und Nachfahren erforscht und in einem Stammbaum oder einer Ahnentafel dargestellt. Wenn sich die Beschäftigung auch auf die Lebensumstände der Verwandten erstreckt, spricht man von Familiengeschichtsforschung (siehe Kapitel 6, ► Seite 117), im wissenschaftlichen Bereich von Biografieforschung (siehe Kapitel 7, ► Seite 133).

„Ahnenforschung ist wie Sudoku oder Kochen, ich empfinde es so. Es ist beruhigend. Früher, wenn ich vom Büro nach Hause gekommen bin, hat Kochen das Hirn frei gemacht, genauso ist es mit der Ahnenforschung. Wenn man sie beherrscht, ist das – solange man nur Matriken auswertet – eine reine Routinegeschichte."

Leopold Strenn, Präsident ÖFR (Österreichische Gesellschaft für Familien- und regionalgeschichtliche Forschung)

Die Person, die als Ausgangspunkt der Forschung gilt, nennt man **Proband** oder **Probandin** (das muss nicht automatisch der Ahnenforscher selbst sein, man kann auch z.B. den Vater oder die Großmutter ins Zentrum der Recherchen stellen). Als **Familie** (Kollektivbildung von lat. famulus „Diener", familia „Gesamtheit der Dienerschaft") wird eine durch Partnerschaft, Heirat, Lebenspartnerschaft, Adoption oder Abstammung begründete Lebensgemeinschaft bezeichnet. Die **Kernfamilie** (oder **Kleinfamilie**) wird aus Eltern und (unselbstständigen) Kindern gebildet. Eine **Generation** umfasst eine Geschlechterreihe zeitlich nebeneinanderstehender Verwandter, üblicherweise über einen Zeitraum von rund 30 Jahren.

Ahnenforschung ist unglaublich **vielfältig**. Selbst wenn nur nach Daten geforscht wird und keine tiefgehende Recherche nach weiteren Lebensumständen betrieben wird, eröffnen sich den Suchenden völlig **neue Welten**: Wer etwa in Online-Matriken stöbert, wird sich der Faszination dieser Bücher kaum entziehen können. Es braucht eine Menge Disziplin, um nicht einfach weiterzublättern und sich Namen und Daten fremder, längst verstorbener Menschen anzusehen oder sich auf eine Fantasiereise in fremde Leben zu begeben. Wer am Dachboden eine verstaubte Schachtel voller Fotografien entdeckt, wird sie nicht eher aus der Hand legen, ehe nicht zumindest klar ist, um wen es sich auf den Bildern handelt, wann sie aufgenommen wurden und wo sich diese Personen aufhalten. Wer sich im Kreise der Familie Filme ansieht, wird dabei sein, wenn ver-

„Menschen wollen sich mit einer Herkunftsgegend identifizieren, vielleicht auch mit einer Volksgruppe. Sie wollen wissen, was die Vorfahren beruflich gemacht haben, woher der Name kommt. Das sind so die Hauptbeweggründe für die Ahnenforschung."

Felix Gundacker, Berufsgenealoge

schiedene Menschen verschiedene Situationen auf verschiedene Weise kommentieren, und miterleben, wie ein buntes und komplexes **Familiennarrativ** entsteht. In Tagebüchern finden sich spannende Geschichten, in Alben werden Ähnlichkeiten in den Gesichtern der Ahnen gesucht und gefunden.

„Geschichte von unten", heißt es in der Wissenschaft, wenn es um das Leben der sogenannten kleinen Leute geht. Jene Menschen, die als Bauern, Handwerker oder Händler ein „ganz normales" Leben gelebt haben. Es muss keine Berühmtheiten, Kaiser, Erfinder oder Entdecker in der eigenen Familie geben. Wer sich mit seinen Vorfahren auseinandersetzt, bekommt einen ganz persönlichen Eindruck vom Leben in längst vergangenen Jahrzehnten oder sogar Jahrhunderten und hat am Ende ein kompletteres Bild von sich selbst.

Das Ahnenforscher-Profil

Was reizt so viele Menschen an der Ahnenforschung? Warum sollte man Stunden auf dem Dachboden verbringen und in staubigen Büchern blättern? Was bringt es, in Online-Datenbanken zu recherchieren, wenn alles in Kurrentschrift geschrieben ist? Was soll daran spannend sein?

Ahnenforschung kann ein Hobby sein, aber auch zum Beruf werden. Je nachdem, wie viel **Energie** Sie für die Recherchen aufwenden, ergeben sich schier unendlich viele Möglichkeiten

und Wege, denen nachgegangen werden kann. Wer in die Ahnenforschung einsteigen will, sollte vor allem eines haben: **Zeit**. Denn schnell verliert man sich in den vielen Verzweigungen der eigenen Familie, schnell erwächst ein riesiger Stammbaum mit hunderten, ja tausenden Vorfahren. Hier gilt es, **beharrlich** den eingeschlagenen Weg zu verfolgen, **zielstrebig** Antworten auf wichtige Fragen zu suchen und **feinfühlig** mit den Ergebnissen umzugehen.

Ahnenforscher kann jede und jeder werden, vorausgesetzt man verfügt über **Neugier** und ein prinzipielles **Interesse an Geschichte**. Schritt für Schritt geht es in die Vergangenheit, immer mehr Namen, Daten und Details tauchen auf. Doch oft entpuppt sich der eingeschlagene Weg als Sackgasse und die Forscher müssen zurück an den Start. **Hartnäckigkeit** und **Geduld** sind daher weitere Charaktereigenschaften, die Ahnenforscher mitbringen sollten. Das Ergebnis kann ein anderes sein als das, was man sich vorgestellt oder gewünscht hat. Wer Ahnenforschung nur aus dem Grund betreibt, zu ergründen, ob sich vielleicht berühmte Politiker, außergewöhnliche Künstler, ein siegreicher Feldherr oder gar eine Kaiserin in der eigenen Verwandtschaft finden, sollte am Ende nicht enttäuscht sein, wenn in der Ahnenreihe vor allem Bauern oder Händler auftauchen. In den allerwenigsten Fällen werden Wünsche nach verwandten wichtigen Persönlichkeiten wahr. Familie kann man sich eben nicht aussuchen.

Wann ist **der beste Zeitpunkt**, um die eigene Familie zu erforschen? Das ist individuell ganz verschieden. Es gibt jugendliche Forscher genauso wie Senioren. In den letzten Jahren beschäftigen sich immer mehr Frauen mit ihren Vorfahren, etwa in der Zeit der Kinderkarenz. Ganz allgemein sind Ahnenforscherinnen im Durchschnitt rund zehn Jahre jünger als ihre männlichen Kollegen. Bei den meisten Hobby-Ahnenforschern stellt sich das Interesse an der Familiengeschichte um die Lebensmitte ein, wenn das eigene Leben Fahrt aufgenommen hat, oder wenn Großeltern und Eltern sterben und man feststellt, dass man es versäumt hat, sie nach Familiengeheimnissen zu befragen.
Manchmal ist es ein einschneidendes **Erlebnis**, das Menschen dazu animiert, ihre Familiengeschichte zu erforschen, manchmal ist es aber nur ein **Zufall**, der neugierig macht. **Rätsel** nach Rätsel wird gelöst, bis der erste Stammbaum erstellt ist, die ersten Daten verifiziert und die ersten Kontakte hergestellt sind. Dabei können sich den ambitionierten Ahnenforschern aber auch jede Menge **Schwierigkeiten** in den Weg stellen: Texte in Kurrent oder auf Latein, unklare Familienverhältnisse oder (zu) viel Material, das innerhalb kürzester Zeit gesichtet werden muss. In schwierigen Situationen ist daher auch ein gewisses Maß an **Improvisationskunst** gefragt.

„Mein Ausgangspunkt waren Familienmythen, die mir meine Großmutter als Kind erzählt hat, also zum Beispiel, dass ein Verwandter eine Prinzessin geheiratet hat. Ich wollte wissen, ob das stimmt. Spoiler: Es hat gestimmt!"

Michael E., Hobby-Ahnenforscher

Die Autorin beschäftigte sich vor einigen Jahren mit dem Thema Exil in Brasilien in den 1930er-Jahren, vor allem mit Kurt Klagsbrunn, einem jungen jüdischen Medizinstudenten, der mit seiner Familie vor den Nationalsozialisten aus Wien nach Rio de Janeiro flüchtete. Kurt Klagsbrunn entwickelte sich in Brasilien zu einem geschätzten und erfolgreichen Fotografen. In einem Sommerhäuschen nahe der Stadt Petrópolis archivierte er seine Arbeiten. Bei einem Besuch in diesem Archiv entdeckte die Autorin dutzende Hinweise auf das Leben der Familie in Wien: Fotos, Korrespondenz, Objekte. An drei arbeitsintensiven Tagen erstellte die Autorin mit ihrer Assistentin eine Liste von rund 1.000 Datensätzen, notierte Inhalt, mögliches Datum und fotografierte jedes Dokument mit dem Handy. Diese Liste war Grundlage dafür, den Familiennachlass der Familie Klagsbrunn wieder nach Österreich zu holen. Er lagert jetzt im Archiv des Jüdischen Museums Wien, wurde dort aufgearbeitet und in Teilen in einer Ausstellung gezeigt.

Recherche im brasilianischen Araras

Unsere Lebenswelten ändern sich ständig und immer schneller. Die Welt wird kleiner: Ein Studium in den USA, ein Umzug nach Argentinien, ein Job in China – alles ist möglich. Doch diese große Freiheit bringt auch große Herausforderungen mit sich. In Zeiten von Klimawandel, erstarkendem Rechtsextremismus und Terror suchen viele Menschen Antworten auf die großen Fragen: Wer bin ich, woher komme ich und wohin gehe ich?

Unser Alltag spielt sich zu großen Teilen in der virtuellen Welt ab, in den **Sozialen Medien** werden Kontakte über alle Ländergrenzen hinweg gepflegt. Großfamilien leben nicht mehr – wie noch vor wenigen Jahrzehnten auch in Mitteleuropa üblich – auf engstem Raum zusammen. Familiengeschichten werden nicht mehr in alltäglichen Situationen – am Mittagstisch, bei der gemeinsamen Feldarbeit – weitergegeben. Heute treffen Cousins und Cousinen, Tanten, Onkel und die Familienältesten oft nur noch zu Geburtstagen, Weihnachtsfeiern oder Begräbnissen zusammen.

Das mögen einige der Gründe sein, warum sich immer mehr Menschen mit ihrer Vergangenheit beschäftigen. Die Gesellschaft erforscht die Gesellschaft – auch wenn sich die meisten Familiengeschichtsforschungen innerhalb des Familienverbandes abspielen und selten den Weg in die Öffentlichkeit finden. Ahnenforschung hat eine große historisch-soziologische Bedeutung, da sie nicht nur persönliche Schicksale untersucht, sondern stets auch die kulturelle und gesellschaftliche Entwicklung des Menschen abbildet.

Tipps für Anfänger

Der erste Schritt in die Ahnenforschung kann ein Koffer voller **Erinnerungen** auf dem Dachboden sein oder eine **Frage**, auf die es zunächst **keine Antwort** gibt. Danach beginnt das

„Man beginnt mit dem Sammeln der eigenen Aufzeichnungen, der eigenen Dokumente und der Dokumente von Eltern und Großeltern: Geburtsurkunden, Trauscheine, Sterbeurkunden, Ahnenpässe, Partezettel, Dienstzeugnisse, Heimatscheine. Meistens reichen diese Aufzeichnungen in etwa bis 1900 zurück, teilweise auch etwas weiter."

Felix Gundacker, Berufsgenealoge

Sammeln von Dokumenten, es folgt die **Strukturierung** der Daten und schließlich die **Bearbeitung** der Ergebnisse. Wenn der erste Schritt einmal getan ist, passieren die weiteren fast von selbst.

Nehmen Sie sich Zeit. Ahnenforschung passiert nicht von heute auf morgen. Wer ungeduldig ist, macht Fehler. Er ist manchmal besser, die Forschung liegen zu lassen und erst dann wieder aufzunehmen, wenn Zeit, Beruf und Umfeld es zulassen.

Befragen Sie Zeitzeugen. Wenn es noch Verwandte gibt, die sich an früher erinnern, ist es immer sinnvoll, mit ihnen zu sprechen. Solche Gespräche ergeben sich manchmal von selbst, manchmal werden sie extra vereinbart. Bereiten Sie sich für den fixierten Termin so gut wie möglich vor: Checken Sie nochmals die Namen der Verwandten, ungefähre Lebensdaten und Orte – so können Sie der erzählenden Person im Fall des Falles mit Informationen aushelfen. In der Gesprächssituation selbst gilt: Hören sie zunächst vor allem zu, und stellen Sie nicht zu viele Zwischenfragen.
In einem weiteren Gespräch kann man auf unklare oder ungenaue Beschreibungen zurückkommen oder Jahreszahlen, Namen und Orte nochmals nachfragen. Stellen Sie möglichst konkrete Fragen. Erstens bekommen Sie darauf auch eine (hoffentlich) konkrete Antwort, zweitens ist die Gefahr, dass das Gespräch in eine andere Richtung abschweift, um einiges geringer.

Beispiele

„Stimmt es, dass deine Oma im ganzen Dorf für ihren Apfelstrudel berühmt war?"
„Wo genau war dein Vater stationiert?"
„Welche Lieder habt ihr gesungen, als du noch ein Kind warst?"

Anekdoten lockern die Stimmung auf und gehören genauso zum Familiennarrativ wie alles andere. Achten Sie jedoch stets auch auf **Lücken oder Leerstellen** – hier gilt es behutsam nachzuhaken, denn oft verstecken sich in Seufzern, nachdenklichen Momenten oder schweigsamen Blicken die spannendsten oder berührendsten Geschichten. Allerdings gilt immer: Wer viel verlangt, kann auch viel verlieren – bei zu viel Druck versiegt das Gespräch und lässt sich nicht wieder in Gang bringen.

Verlassen Sie sich nicht ausschließlich auf mündliche Quellen. Auch wenn ältere Menschen von weit zurückliegenden Ereignissen scheinbar noch alle Details wissen, sollten Sie Namen und Daten nachprüfen. Erinnerungen verändern sich im Laufe eines Lebens, werden geschönt oder dramatisiert. Wenn Sie nicht sicher sind, fragen Sie besser zweimal nach der Schreibweise eines Namens. Sonst suchen Sie später in Kirchenbüchern oder anderen Quellen vergeblich. Auch ein Blick in ein historisches Lexikon kann sinnvoll sein, um

Tipp. Nehmen Sie zum Verwandtengespräch ein Aufnahmegerät (das Handy reicht hier meist völlig aus) mit, dann müssen Sie nicht mitschreiben. Die Gesprächssituation ist dadurch entspannter, und Sie können später nochmals alle Details durchhören. Ob Sie auch eine Kamera aufstellen, sollte vorab mit den Gesprächspartnern besprochen werden. Manchmal lenkt eine Filmaufnahme zu stark ab.

Familienereignisse in den historischen Kontext zu stellen und damit endgültig zu belegen.

Bearbeiten Sie das Gehörte möglichst rasch. Nehmen Sie sich nach dem Gespräch Zeit und notieren Sie Name, Ort und Datum der befragten Person. Überlegen Sie außerdem, ob Ihnen Ungewöhnliches aufgefallen ist. Hier ist Sorgfalt besonders wichtig, sind es doch manchmal am Ende einer Recherche genau diese Notizen, die eine Familiengeschichte abrunden oder aber vollkommen in die Irre führen. Ein eigenes Büchlein oder Heft, das der Ahnenforscher stets bei sich trägt, ist eine

gute Idee. Hier können auch spontane Geistesblitze oder wichtige Telefonnummern notiert werden.

Fragen Sie Ihre Verwandten nach weiteren Urkunden, Dokumenten, Briefen, Tage- oder Stammbüchern. Vielleicht dürfen Sie diese Unterlagen für Ihre Forschungen mitnehmen. Wenn nicht, dann fotografieren Sie das Wichtigste ab und notieren, welche Dokumente bei wem zu finden sind. Im Lauf eines weiteren Gespräches können Fotoalben oder Familienbücher auch gemeinsam durchgeblättert werden. So werden weitere Verwandte identifiziert oder vergessene Ereignisse in Erinnerung gerufen. Auch ein gemeinsamer Spaziergang auf den Friedhof kann weitere Erkenntnisse bringen. Oft verraten Inschriften Details aus dem Leben.

Vergessen Sie nicht, die gerade bearbeitete Quelle zu dokumentieren. Wenn Sie ein Dokument eines Verwandten bearbeiten, notieren Sie, um welches Dokument es sich handelt, ob es sich in Ihrem Besitz befindet oder bei dem Verwandten verblieben ist. Wenn Sie ein Zitat aus einem Buch notieren, schreiben Sie gleich Buchtitel und Seitenzahl dazu. Sonst finden Sie dieses Zitat niemals wieder. Notieren Sie Internet-Links oder stellen Sie sie in Ihren Favoriten-Ordner. Es ist äußerst mühsam, solche Quellen wiederzufinden. Eine Art persönliche Literatur- und Linkliste ist daher sinnvoll, falls es später offene Fragen gibt. Und auch für Außenstehende ist Ihre Forschung insgesamt leichter nachvollziehbar.

Beispiele

Maier_Franz_geb19071210_Onkel väterlicherseits_Foto mit Tante Mizzi am Semmering um 1950 privat
Schneider_Maria_geb19200326_Großmutter_Taufschein_matricula online

Ordnung muss sein. Bewahren Sie Dokumente, Fotos und Briefe in einem Ordner auf, stecken Sie sie in Plastikhüllen, sortieren Sie sie nach Personen, Kleinfamilien oder Namen (Sie werden selbst mit der Zeit eine Sortierung finden, die für Ihre Zwecke am praktischsten ist), verwenden Sie verschiedenfarbige Trennblätter. Für digitale Dokumente legen Sie ein Verzeichnis an. Überlegen Sie sich eine logische Beschriftung. Sinnvoll ist es, mit dem Nachnamen zu beginnen und danach relevante Daten einzutragen.

Sammeln Sie los! Da jede Forschungsarbeit zu Beginn vollkommen ergebnisoffen ist, ist es sinnvoll, zunächst einmal so viel wie möglich zusammenzutragen – das gilt für echte Dokumente genauso wie für virtuelle. Sonst fehlt später vielleicht genau jenes Detail, das in einem Zeitungsartikel stand, der nicht abgelegt wurde, oder ein bestimmtes Datum lässt sich nur über genau jenen Liebesbrief zurückverfolgen, den die Großtante zwischen ihren Dokumenten aufbewahrt hatte und den man dann doch nicht eingescannt hat. Je ordentlicher (eventuell sogar mit Stichworten) die Fundstücke von Beginn an abgelegt werden, desto mehr wird sich später herauslesen lassen.

Darstellung der Forschungsergebnisse

Bereits kurz nach Beginn der Ahnenforschung stehen Sie als Forscher vor einem gravierenden Problem: Was tue ich jetzt mit meinen ersten Fundstücken? Denn sehr schnell wird klar: Es sind zu viele Details, die bereits nach kurzer Recherche vorliegen. Die Gefahr, sie irgendwo abzuspeichern oder zu notieren und später nie mehr wiederzufinden, ist groß. Daher ist es ganz wichtig, von Anfang an strukturiert vorzugehen. Jeder und jede entwickelt ein eigenes System, um Daten und Informationen sinnvoll abzulegen.

Stammbaum der Familie Habsburg in Schloss Tratzberg

Am Beginn jeder Ahnenforschung steht der Stammbaum. Daten und trockene Informationen werden hier visuell dargestellt. Doch welche Art von Stammbaum ist am übersichtlichsten? Handschriftlich auf einem großen Bogen Papier? In einer Excel-Tabelle? Im Hochformat oder Querformat? Wer soll aller vertreten sein? Nur die gerade Linie oder auch Cousinen, Neffen und Geschwister?

Wer **handschriftlich** arbeitet, kann die jüngste Person oder den Probanden am Blatt ganz oben oder ganz unten notieren und sich dann stetig verbreitend in die eine oder andere Richtung arbeiten. Zu jeder Person werden Name (gegebenenfalls auch der Mädchenname), Geburts- und gegebenenfalls Sterbedatum, wenn vorhanden auch der Geburtsort eingetragen. Um Platz zu sparen, werden Symbole verwendet: Geburt *, Tod +; Ehepartner (Heirat, Verpartnerung) werden meist durch zwei

Ringe dargestellt oo, können aber – etwa im Fall einer Lebensgemeinschaft – auch durch ein anderes Symbol (etwa ein Herz oder einen bestimmten Buchstaben) gekennzeichnet werden. Sinnvoll ist es auch, das Religionsbekenntnis einzutragen. Das hilft später bei der weiteren Suche in Matriken (siehe Kapitel 2, ► Seite 45) (http://wiki-de.genealogy.net/Genealogische_Symbole_und_Zeichen).
Um dem Ganzen mehr Struktur zu geben, empfiehlt es sich, gleich zu Beginn eine **genealogische Tafel** zu verwenden, die auf Homepages einschlägiger Vereine wie der Österreichischen Gesellschaft für Familien- und regionalgeschichtliche Forschung (ÖFR) angeboten wird (https://oefr.at/wp-content/uploads/Ahnentafel-OeFR-2017-11-12-Logo.pdf).
Es ist üblich, den Personen Nummern zuzuordnen. So wird die Ausgangsperson – also in den meisten Fällen man selbst – mit der Nummer 1 gekennzeichnet, und zwar unabhängig vom Geschlecht. Der Vater erhält Nummer 2, die Mutter Nummer 3, die Großeltern haben die Nummern 4 bis 7. Der Vater eines Kindes

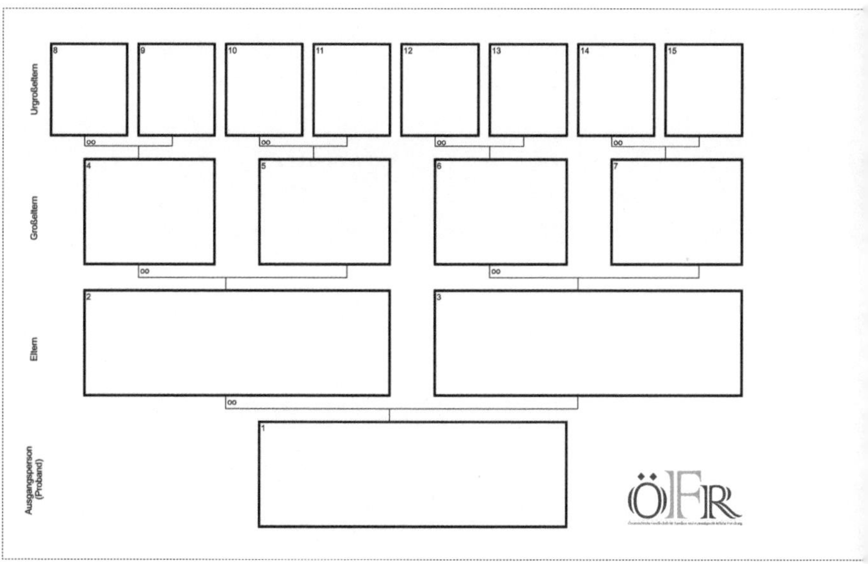

			1 Proband				
	2 Vater				**3** Mutter		
4 Großvater		**5** Großmutter		**6** Großvater		**7** Großmutter	
8 Urgroßvater	**9** Urgroßmutter	**10** Urgroßvater	**11** Urgroßmutter	**12** Urgroßvater	**13** Urgroßmutter	**14** Urgroßvater	**15** Urgroßmutter

hat also immer die doppelte Nummer, die Mutter bekommt die doppelte Nummer des Kindes plus 1. So ist allein schon anhand der Nummerierung klar, ob es sich um die Verwandtschaft väterlicherseits (gerade Nummer) oder mütterlicherseits (ungerade Nummer) handelt. In Fachkreisen spricht man von der **Kekulé-Nummer** oder der **Sosa-Nummer**.

Verwandtschaftsverhältnisse können prinzipiell in zwei Richtungen beschrieben werden. Vom Probanden aufsteigend spricht man von den Vorfahren oder Ahnen (**Aszendenz**), absteigend von den Nachfahren oder Nachkommen (**Deszendenz**). Man gestaltet also entweder eine Ahnentafel bzw. Ahnenliste oder eine Nachkommentafel bzw. Nachkommenliste. Beide kombiniert werden aufgrund ihrer Form auch „Sanduhr"-Tafeln genannt.

Irgendwann während der Recherche wird sich der Ahnenforscher auch die Frage stellen müssen, wie weit von der geraden Familienlinie (also Eltern, Großeltern, Urgroßeltern usw.) man abgehen und auch Tanten und Onkel, Cousins und Cousinen, Neffen und Nichten in den Stammbaum (in Fachkreisen spricht man von der **Stammtafel** oder **Stammliste** – je nachdem, welche Darstellungsform gewählt wird) einbauen möchte. Diese Entscheidung ist essenziell und sollte mit Sorgfalt getroffen werden – hängt doch von ihr ab, wie viel Zeit, Geld und Geduld man in den nächsten Jahren in diese Arbeit stecken möchte. Bei der Darstellung dieser erweiterten Familie spricht man in Fachkreisen von Konsanguinitätstafeln oder -listen.

Um den Überblick nicht zu verlieren, empfiehlt es sich, für jede Person ein **Familienblatt** anzulegen. Auch hierfür gibt es eine ÖFR-Vorlage (► Seite 28) (https://oefr.at/wp-content/uploads/Familienblatt-OeFR-2017-11-07-Logo.pdf).

Wer noch weiter gehen möchte, kann auch die Familien der angeheirateten Personen in die Darstellung aufnehmen. Hier spricht man dann von **Affinitätstafeln bzw. -listen**. Eine Darstellung auf Papier ist in diesem Stadium kaum mehr möglich, zu umfangreich und kompliziert sind die Familienstruk-

Familienblatt

Mann				Frau			
Kekulé	Geburtsname / Vorname			Kekulé	Geburtsname / Vorname		
Vater:		Mutter:		Vater:		Mutter:	
geboren	am / in		Quelle	geb.	am / in		Quelle
getauft				getauft			
Ehe				Ehe			
gestorben				gestorben			
begraben				begraben			
....				....			
Beruf				Beruf			
Wohnort				Wohnort			

Kinder								
Nr.	Vornamen	Geburtsdatum / -ort Taufdatum / -ort	Quelle	Todesdatum / -ort Begräbnisdatum / -ort	Quelle	Trauungsdatum / -ort Ehepartner	Quelle	Anmerkung
1								
2								
3								
4								
5								
6								
7								
8								
9								

Österreichische Gesellschaft für Familien- und regionalgeschichtliche Forschung

Version 0.1

Familienblatt

„Einen Stammbaum auf Papier aufzuzeichnen ist ab einem gewissen Zeitpunkt völlig unübersichtlich, denn man hat viele Seitenlinien und angeheiratete Personen. Im 20. Jahrhundert sind auch Scheidungen ein Thema, es gibt zweite und dritte Ehen. Das heißt: Ohne die digitalen Möglichkeiten, das Ganze als Datenbank abzuspeichern und darin herum zu navigieren, würde ich vollkommen verzweifeln. Der Stammbaum ist so weit verzweigt – in der Breite wie auch in der Tiefe."

Stefan K., Hobby-Ahnenforscher

turen. Es empfiehlt sich die Darstellung auf einer Online-Plattform (siehe Kapitel 3, ► Seite 73) oder die Verwendung einer speziellen Stammbaum-Software.

Es gibt zahlreiche **Software-Programme**, die Ihnen dabei helfen, Ordnung in Ihrer Ahnenforschung zu halten. Das Angebot verändert sich immer wieder. Aufgrund des vermehrten Interesses an Familienforschung kommen ständig neue oder aktualisierte Software-Programme auf den Markt. Daher hier nur ein paar Beispiele für Bezahl- und Gratis-Programme (Stand Februar 2020). Alle unterstützen das gängige Stammbaum-Datenformat GEDCOM (siehe Kapitel 3, ► Seite 76).

Geni.com ist ein Unternehmen der Ahnenforschungs-Online-Datenbank MyHeritage (siehe Kapitel 3, ► Seite 75). Die Basis-Mitgliedschaft ist bis zu einem Upload von 1 GB gratis, eine Pro-Mitgliedschaft kostet rund 120 Euro pro Jahr (Stand Februar 2020). Ein Projekt auf Geni.com ist der Welt-Familienstammbaum mit über 120 Millionen Profilen, darunter auch zahlreiche berühmte Persönlichkeiten wie Elizabeth II., George Washington und Thomas Edison (https://www.geni.com).

Family Tree Explorer von Avanquest Software: ermöglicht eine strukturierte Dokumentation und enthält viele hilfreiche Details. Hübsch ist die Stammbaum-Vorlage. Downloadkosten:

23,99 Euro (https://www.avanquest.com/UK/software/family-tree-explorer-505471?meta=multimedia&cat=genealogy).

Der Stammbaum 9.0 Premium von USM: Leicht zu bedienen, Sie können Fotos und andere Dokumente einbauen. Download: 49,90 Euro, DVD-ROM: 59,90 Euro (zzgl. Versand) (https://www.usm.de/produktdetail-1-1/der_stammbaum_9_0_premium-665).

Ahnenblatt, kostenlose Software zur Erstellung eines Stammbaumes (https://www.ahnenblatt.de/ahnenblatt-kostenlos).

My Family Tree ist eine kostenlose Software speziell für Windows (https://chronoplexsoftware.com/myfamilytree).

Egal ob Sie die Daten und Ergebnisse der Familienrecherche handschriftlich oder in einem Schreibprogramm ablegen, sinnvoll ist es auf jeden Fall, Ihre Forschung **mehrfach zu sichern**. Bewahren Sie Tabellen, Word-Dateien und Fotografien an mehreren Speicherorten (DVD, externe Festplatte, USB-Stick) auf, am besten auch noch in ausgedruckter Form – sofern die Menge noch überschaubar ist. Damit die mühevoll recherchierten Daten auch die nächsten Generationen überleben, übergeben Sie Kopien an **Vertrauenspersonen** innerhalb der Familie. So ist sichergestellt, dass die Informationen auch mögliche Umzüge oder Änderungen der Familienverhältnisse überleben.
Ihr Stammbaum wird Sie während der gesamten Ahnenforschung begleiten, ebenso wie die ständige **Überprüfung** und

Tipp. Wann immer Ihnen etwas Spannendes auffällt – notieren Sie es! Wenn dieselben Personen in verschiedenen Zusammenhängen in Dokumenten oder Erzählungen auftauchen, schreiben Sie es auf. Wenn Verwandte unabhängig voneinander ähnliche Details preisgeben, sind Sie vielleicht einer wichtigen Geschichte auf der Spur.

Auswertung der gesammelten Daten. Man sucht nach Ähnlichkeiten, Parallelen oder auch Differenzen und Leerstellen. Nach und nach fügt sich alles zu einem Ganzen. Man kann nach einzelnen Personen ordnen oder nach Jahren, nach historischen Ereignissen oder persönlichen Vorlieben.

Schwierigkeiten

Gespräche führen, Dokumente durchlesen, Daten sammeln – das klingt alles ganz einfach. Ist es aber nicht. Denn die alte Schrift ist unleserlich, die Fotos sind ungeordnet, die Wartezeiten auf angeforderte Urkunden lang. Sie werden immer wieder Ihre Unterlagen entnervt in die Schublade stecken wollen. Im Folgenden finden Sie die **zentralen Hindernisse**, die sich Ihnen in den Weg stellen werden.

Dokumente in Kurrentschrift bzw. **Sütterlinschrift** stellen die größte Schwierigkeit beim Erforschen der eigenen

Info. Kurrent war bis Anfang des 20. Jahrhunderts die allgemeine Schreibschrift. Sie wurde 1942 verboten und durch die deutsche Normalschrift ersetzt. Die deutsche Sütterlinschrift ist eine spezielle Form der deutschen Kurrentschrift für Schreibanfänger. Viele Österreicher erlernten Kurrent bis in die 1960er-Jahre in der Schule.

„Wenn man Tennis spielt, kann man die Bälle einfach hin und her schupfen, aber wenn man wirklich Tennis spielen will, nimmt man bei einem Tennislehrer ein paar Stunden. Und wenn man wirklich Ahnenforschung machen will, sollte man sich mit der Schrift beschäftigen. Man muss sich nur hinsetzen, es lohnt sich."

Leopold Strenn, Präsident ÖFR

Deutsche Kurrentschrift

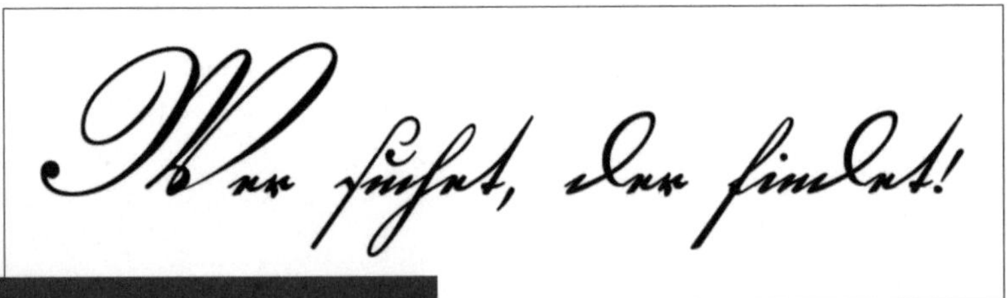

Kurrent „Wer suchet, der findet!"

> Bei einer Recherche der Autorin mussten zahlreiche Texte in Kurrent entziffert werden. Auf vielen Seiten eines Kalenders fand sich ein Wort, das für ungeübte Augen aussah wie das Wort „Taft". Das ergab keinen Sinn. Außerdem konnte der zweite Buchstabe auch ein o sein und der dritte Buchstabe war wohl ein s. Schließlich stellte sich heraus, dass der Schreiber das große P so schrieb, dass es aussah wie ein großes T. Ergo hieß das Wort: Post. Im Kontext gesehen, war das logisch: Der Schreiber befand sich im Exil, da war die Korrespondenz ein wichtiges Thema.

Familiengeschichte dar. Ältere Menschen können diese Schrift noch verhältnismäßig leicht lesen, jüngere Generationen haben es erheblich schwerer.

Wer Urkunden oder Briefe in Kurrentschrift übersetzen muss, kann zu Beginn kaum etwas entziffern. Gerade das kleine e, das wie ein kleines n aussieht, das kleine h mit seinen beiden Schlingen und auch die verschiedenen Schreibweisen des Buchstabens s sind gewöhnungsbedürftig. F, s, und h kann man leicht verwechseln, ebenso y und z. Man fühlt sich ein bisschen in die Volksschule zurückversetzt, wenn man versucht, die altmodischen, schnörkeligen Buchstaben abzuschreiben.

Im Internet finden sich Anleitungen zum Selbststudium, das Kurrent-Alphabet zum Ausdrucken, Übungstexte und Ähnliches. Auch Kurrent-Kurse werden angeboten. Es gilt: Übung macht den Meister! Wie auch heute, hatten die Schreiber vor hundert Jahren ihre Eigenheiten. Doch nach und nach gewöhnt sich das Auge ein, immer mehr Wörter ergeben einen Sinn – und bald stellen sich die ersten Erfolgserlebnisse ein.

Man kann sich auch Hilfe bei älteren Verwandten holen oder sich an Genealogen-Stammtischen, in Foren und diversen Facebookgruppen (siehe Kapitel 4, ► Seite 90) austauschen.

Manchmal jedoch ist alle Müh´ vergebens, dann nämlich, wenn der Schreiber keinen Wert auf Schönschrift legte. Hier hilft oft nur noch der Gang zum Experten – das kann ein Mitarbeiter eines Archives sein oder ein Berufsgenealoge (siehe Kapitel 5, ► Seite 112) [http://www.kurrent.de/index.htm (mit Schreibübungen) und http://www.kurrent-lernen-muecke.de/index.php (mit Lesebeispielen)].

Neben Kurrent stellt vor allem **Latein** viele Ahnenforscher vor gravierende Probleme. Wer sich in der Schule zumindest durch das „Kleine Latinum" gekämpft hat, ist klar im Vorteil. Aber auch Grundkenntnisse in jeder anderen romanischen Sprache (u.a. Italienisch, Französisch, Spanisch, Portugiesisch, Rumänisch) sind hilfreich, um das Kirchenlatein in den Dokumenten zu verstehen. Die Wörter mater, pater und filius (Mutter, Vater, Sohn) wird vielleicht noch fast jeder verstehen, doch bei uxor, antenatus, proles oder testes (Ehegattin, Stiefsohn, Nachkomme, Trauzeugen) wird die Sache bereits schwierig. Anstatt jedes Wort nachzuschlagen, empfiehlt es sich, die wichtigsten Begriffe aus dem Kirchenlatein zusammenzusuchen und eine Liste auszudrucken. So haben Sie

Lateinkenntnisse können aber auch in die Irre führen. So beschäftigte sich die Autorin vor einigen Jahren mit der Biografie der ersten österreichischen Filmregisseurin Louise Fleck, die einer französischen Familie entstammte. In zahlreichen Dokumenten und auch in Matricula Online fanden sich bei den Großeltern mütterlicherseits die Wörter „Adveneat" bzw. „Adveniat" anstelle des Nachnamens. Die Autorin ging davon aus, dass dies wohl ein Platzhalter sein müsse, lateinisch für „wird kommen", also der Name sollte wohl nachgereicht werden. Später stellte sich anhand eines überraschend aufgetauchten weiteren Dokuments heraus, dass es sich offenbar um einen Abschreibfehler handelte, der sich irgendwann in die Geburts- und Heiratsurkunden eingeschlichen hatte und bis zur Taufurkunde Louise Flecks hartnäckig hielt. Die Auflösung: Louise Flecks Großmutter und Großvater mütterlicherseits stammten aus Frankreich, hießen beide Advinent und waren Cousin und Cousine.

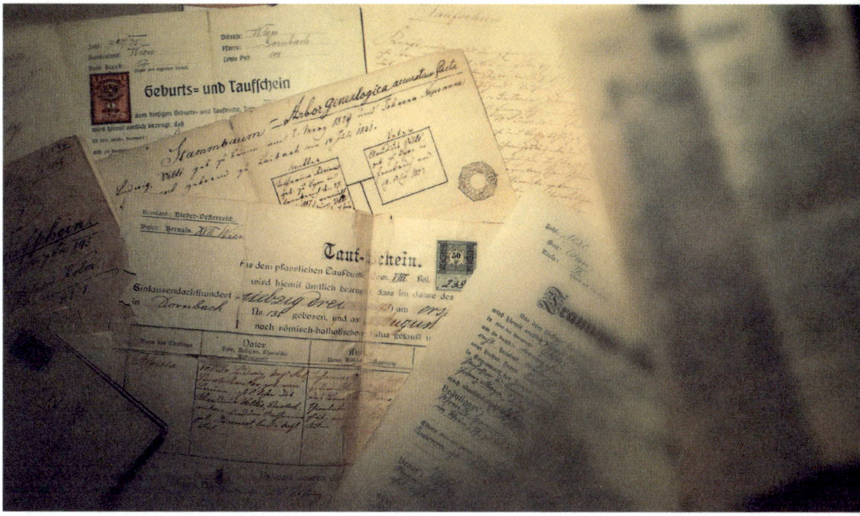

immer schnell eine Übersetzung zur Hand (http://www.wadenhart.de/inhalt/glossar/latein.html).

Knifflig ist die **Namensrecherche**, gerade bei Frauen. Bis vor wenigen Jahrzehnten war es im deutschsprachigen Raum üblich, dass Frauen grundsätzlich den **Nachnamen** des Mannes annahmen, der Mädchenname verschwand. Und auch sonst ist die Namensfrage eine schwierige: Durch Scheidungen oder zweite, dritte Ehen ändern sich die Nachnamen. Auch lokale Besonderheiten gilt es zu bedenken, etwa das Phänomen der **Hofnamen**. Dieser wurde oft als Synonym für den Familiennamen verwendet. Bei Einheirat eines Mannes in einen Bauernhof geht dieser Name auch auf ihn über. Mittlerweile gibt es einige Online-Datenbanken, die die Suche erleichtern. Auch in Zukunft wird die Namensforschung vermutlich nicht einfacher, sind doch viele Formen des Zusammenlebens zweier Partner egal welchen Geschlechts – von der Ehe über eine eingetragene Partnerschaft bis zur behördlich nicht registrierten Lebensgemeinschaft – möglich, wobei die Wahl des Nachnamens völlig frei ist. Und so kommt es vor, dass innerhalb einer Familie alle

„Ich habe in einem Index nach dem Nachnamen Plach gesucht. Dass es eine phonetische Sortierung gibt, war mir nicht bewusst. Und zufällig suche ich dann einen Namen mit B beginnend und sehe, dass im Index Namen mit B und P, genauso wie C, G und K, als ein Buchstabe geführt werden. Das sind so typische Anfängererlebnisse."

Leopold Strenn, Präsident ÖFR

Mitglieder verschiedene Nachnamen haben (siehe Kapitel 5, ► Seite 99).

Auch die **Schreibweise** von Familiennamen (oder auch Orten) kann sich verändern. Sie variiert nicht nur von Generation zu Generation, manchmal ändert sie sich auch innerhalb einer Generation. Hier ein stummes H, dort ein weiches B statt eines harten P, und schon kommt die Ahnenforschung zu einem abrupten Ende. Das kann ein Abschreibe- oder Flüchtigkeitsfehler sein, manchmal müssen Ahnenforscher aber tiefer in Themen wie Heimatkunde, Sozial-, Wirtschafts- und Bevölkerungsgeschichte eintauchen, um solche Veränderungen nachvollziehen zu können. Denn war es das eine Mal einfach eine Mode, Namen anders zu schreiben, so steckt das andere Mal vielleicht eine politische oder gesellschaftliche Entwicklung dahinter. In Österreich ist auch der **Dialekt** nicht zu vernachlässigen, wurden doch immer wieder Namen von Personen, Höfen oder Orten in Mundart aufgeschrieben (https://www.volkswoerterbuch.at/woerterbuch).

„So ein Stammbaum bildet das Idealtypische ab, im Sinne von: Die beiden Personen waren verheiratet und hatten zehn Kinder. Ob diese zehn Kinder alle aus dieser Ehe stammten oder ob es ein Fremdgehen gab und jeder wusste, dass Kind Nummer vier von der Bäuerin Nummer fünf war oder so – das ist das Spannende, ob das wirklich alles so stimmt."

Stefan K., Hobby-Ahnenforscher

Ein weiteres Hindernis für eine erfolgreiche Ahnenforschung können **unklare Familienverhältnisse** sein. Welche Kinder wurden ehelich geboren? Gibt es auch uneheliche Kinder? Wurden Kinder adoptiert? Hier gilt es, sehr genau nachzurecherchieren, um Ordnung in die Sache zu bringen. Anhand von Matriken (siehe Kapitel 2, ► Seite 45) und weiterführenden Dokumenten können derartige Fragen beantwortet werden. Kurios ist das Phänomen **Ahnenschwund** (auch **Ahnenverlust** oder **Implex** genannt). Manchmal fehlen im Stammbaum Verwandte, was zunächst unerklärlich ist. Doch heiratet ein Geschwisterpaar ein anderes Geschwisterpaar oder heiraten Cousin und Cousine ersten Grades, dann gehen irgendwo Großeltern verloren – ganz einfach, weil es sich dabei um dieselben Personen handelt.

Als Ahnenforscher werden Sie sehr bald darunter leiden, dass Sie **zu wenig Zeit** für all Ihre Fragen, Anliegen und Probleme haben. Das Internet sorgt für ein **Überangebot** an einschlägigen Seiten, oft ist die Suche nach der richtigen Adresse bereits der aufwendigste Teil der Recherche. Wo soll ich suchen? Wo finde ich genau die Informationen, die ich brauche? Kann ich mich auf die Seriosität der Seite verlassen? Und welche Daten sind tatsächlich für meine Forschung relevant? Zahlreiche genealogische Vereine oder Gruppen bieten auf ihren Internetseiten umfangreiche Linksammlungen an, diese können aber keinen Anspruch auf Vollständigkeit erheben und sind oft nicht aktuell, da Webseiten immer wieder übersiedeln.

Achtung! Oft wird man beim Durchklicken einer vielversprechenden Linksammlung enttäuscht, weil die Links nirgendwohin führen oder wieder auf andere Webseiten, wo die Suche von vorn beginnt. Hier sind Hartnäckigkeit und Geduld gefordert.

Das Gefühl der **Überforderung** ist während einer Familienforschung weit verbreitet. Einerseits steht man vor der Schwierigkeit, an aussagekräftige Dokumente zu kommen, und andererseits – wenn man diese endlich gefunden hat – hat man keine Ahnung, wie mit den vielen Informationen umgegangen werden soll. Erst nach und nach lernen die Forscher den Umgang mit Quellen und eignen sich entsprechendes Fachwissen an. Werden die Fragestellungen zu komplex, ist es sinnvoll, einen Experten zu Rate zu ziehen. Das können Mitarbeiter von Bibliotheken und Archiven genauso sein wie Wissenschaftler oder Autoren. Oder man wendet sich an Berufsgenealogen, die Familienforschung beruflich betreiben, beste Kontakte besitzen und Zugang zu Archivalien haben, die normalerweise nicht so einfach einzusehen sind (siehe Kapitel 5, ► Seite 112).

In unserer digitalen und vernetzten Welt passiert auch die Erforschung der eigenen Familie vermehrt via **Internet**. Viele Ahnenforscher haben sich diesem Thema überhaupt erst zugewendet, seit die relevanten Archive ihre Daten online zur Verfügung stellen. Es gibt unzählige Möglichkeiten und Angebote. Viele davon sind gratis, doch die Online-Ahnenforschung ist auch ein boomendes Geschäft. Längst nicht alle Seiten sind vertrauenswürdig, eine sorgfältige Überprüfung der Daten bleibt niemandem erspart. Achten Sie also immer darauf, was und wie viel Sie preisgeben, Stichwort **Datenschutz** (siehe Kapitel 3, ► Seite 79 und Kapitel 4, ► Seite 96).

Irrtümer und Fehler kommen immer wieder vor. Deswegen sollten Schlüsse, die aus den Recherchen gezogen werden, ausreichend belegt werden können. Markieren Sie Vermutungen und Unklarheiten in Ihren Unterlagen, vielleicht können diese Zweifel in einem weiteren Schritt ausgeräumt werden. Wer sich seiner Erkenntnisse zu sicher ist, wird allzu schnell in die Irre geleitet. Ein sicheres und ergebnisbringendes Navigieren durch Sackgassen, Einbahnstraßen, Kreisverkehre der Ahnenforschung will gelernt sein. Einmal falsch abgebogen oder eine falsche Auffahrt genommen und schon geht es wieder **zurück an den Start**. Und so manche Ahnenforscher haben Teile völlig fremder Familien erforscht, bevor sie ihren Fehler bemerkt haben …

Je länger und intensiver sich Ahnenforscher mit all den genannten Schwierigkeiten auseinandersetzen, je mehr detektivisches Gespür sie entwickeln und je länger sie neugierig bleiben, desto mehr Detailwissen eignen sie sich an. Und hier lauert eine **neue Gefahr**: Passionierte Familienforscher werden nicht bei der eigenen Familie bleiben, sondern auch versuchen, andere Verwandte und Bekannte für dieses Hobby zu begeistern – oder sogar damit beginnen, deren Stammbäume zu erforschen!

Die Recherche

Die Suche nach Namen, Daten und persönlichen Informationen ist das Herzstück der Ahnenforschung – egal ob am Dachboden der Großeltern, in einem staatlichen Archiv oder im Internet.

Sie wissen nun, welche Eigenschaften Sie als Ahnenforscher mitbringen sollten und welche Schwierigkeiten sich Ihnen im Laufe Ihrer Arbeit in den Weg stellen können. Sie sind gut vorbereitet auf das, was nun kommen mag, und werden von Anfang an für Ordnung in Ihren Notizen sorgen. Dann kann sie losgehen, die **klassische Recherche**: die Suche nach Spuren in Archiven, das Bewerten und Aussortieren von Quellen und die Reise in die weite Welt der Online-Ahnenforschung – Stichworte: Vernetzung, Datenschutz und DNA-Test.

Ahnenforschung zu betreiben war noch nie so einfach wie heute: Taufbücher, Sterbebücher, Adressbücher oder auch Passagierlisten von Auswanderer-Schiffen wurden bereits digitalisiert. Meist braucht es nur wenige Mausklicks und der breiten Öffentlichkeit eröffnen sich ungeahnte Möglichkeiten. **Dokumente aus dem Mittelalter** sind ebenso bereits digitalisiert wie hunderte **katholische Kirchenbücher**. Und wer im Netz forscht, dem bieten sich noch viele weitere Vorteile. So entfallen Wege in Archive ebenso wie mühsames Durchblättern dutzender Dokumente und Bücher. Es ist kaum Schriftverkehr notwendig, Öffnungszeiten müssen nicht berücksichtigt werden, die Forschung kann also auch dann stattfinden, wenn Archive und Bibliotheken normalerweise längst geschlossen haben. Weltweit können schnell und kostengünstig Kontakte hergestellt und Informationen ausgetauscht werden. Die meisten Daten sind online sofort einsehbar und können für die eigene Forschung verwendet werden.

Persönliche Dokumente wie **Geburts- und Taufscheine, Heiratsurkunden, Partezettel**, visuelle Quellen wie **Fotoalben** oder **Filme**, jedes Dokument oder Objekt kann Ahnenforscher einen Schritt weiterbringen. Auf Urkunden und persönlichen Dokumenten sind zahlreiche Hinweise auf die Ahnen zu finden. Denn dort wurden in vielen Fällen nicht nur die Daten der Betroffenen selbst notiert, sondern auch weiterführende Informationen: Namen der Eltern, Geburtsdaten, Berufsbezeichnungen, Hinweise auf Wohnorte. Wer solche Dokumente daheim

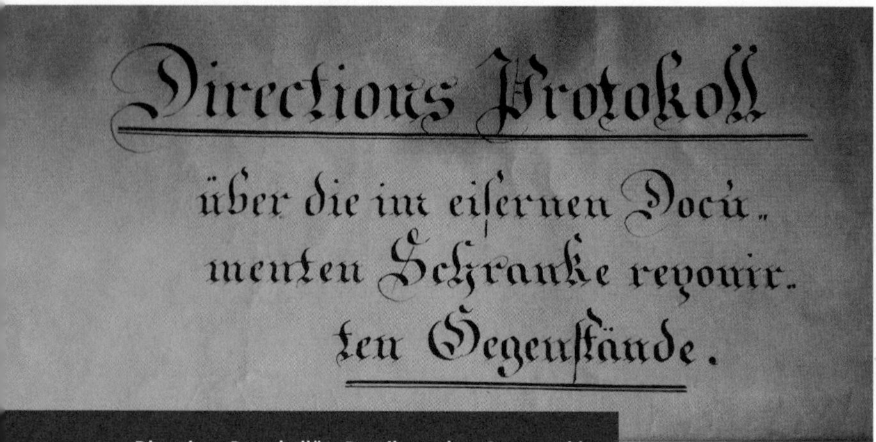

„Directions Protokoll" – Detail aus dem Staatsarchiv

oder in den Haushalten älterer Verwandter entdeckt, kann sich glücklich schätzen. Weiterführende Dokumente können Meldezettel, Zeugnisse, Passagierlisten und vieles mehr sein (siehe Kapitel 5, ► Seite 97).

Wenn im familiären Umfeld alle Möglichkeiten ausgeschöpft und die Dokumentenmappen durchgearbeitet sind, verlagert sich die Recherche und Quellensuche auf öffentliche Institutionen. In Österreich sind zahlreiche Behörden, Archive und Bibliotheken damit beschäftigt, historische Unterlagen zu sammeln, zu sichern und der Öffentlichkeit zur Verfügung zu stellen. In **Pfarrarchiven** finden Sie Geburts- oder Taufscheine, **Meldeämter** sammeln Meldeunterlagen, auf **Standesämtern** können Sie Heiratsunterlagen einsehen, **Friedhöfe** geben Auskunft zu Gräbern. Sie werden sicherlich **Bibliotheken** aufsuchen, wo Sie unzählige weiterführende Publikationen, Akten und historische Zeitschriften durchforsten können. Und in den regionalen und staatlichen **Archiven** werden Sie sicherlich auch fündig. Die größten derartigen Institutionen in Österreich sind die **Österreichische Nationalbibliothek** und das **Österreichische Staatsarchiv**. Es lohnt sich, zu jeder Fragestellung, die sich im Laufe der Ahnenforschung auftut, auch

Info. Die Österreichische Nationalbibliothek beherbergt in ihren eigenen Beständen über 12,5 Millionen Objekte und ist damit die größte Bibliothek Österreichs. Sie versteht sich als Brücke zwischen der Vergangenheit und der modernen Informationsgesellschaft. Highlights der Sammlung sind die Habsburgische Hofbibliothek, seltene historische Karten, Globen und Plakate. Die ältesten Werke stammen aus dem 14. Jahrhundert. Das Österreichische Staatsarchiv, eine Art historisches Gedächtnis der Republik Österreich, sammelt Dokumente, Akten und Schriften der öffentlichen Administration. Die älteste Urkunde ist ein Behördenschriftstück des Römisch-Deutschen Reichs, sie stammt aus dem Jahr 816 (https://www.onb.ac.at; https://www.oesta.gv.at).

eine schnelle Recherche in diesen beiden Archiven durchzuführen.Sie können all diese Behörden, Ämter und Archive entweder persönlich besuchen und sich zum Studium in den Lesesaal setzen, oder Sie nehmen die bereits bestehenden Online-Angebote in Anspruch. Bevor Sie damit beginnen, müssen Sie sich aber folgende Frage stellen.

Was ist wirklich relevant? Wer schon einmal in persönlichen Erinnerungen oder privaten Dokumentenmappen gestöbert hat, wird das Gefühl kennen, nicht zu wissen, wo man beginnen soll. Viele Fotos zeigen unbekannte Gesichter, auf Dokumenten finden sich unlogische Angaben. Was soll in die Suchmaske des Archivs eingegeben werden? Und welche Quellen bringen die Forschung tatsächlich weiter? Im folgenden Abschnitt finden Sie einen Überblick über die ersten Rechercheschritte in der Ahnenforschung.

Kirchenbücher (Matriken)

In **Standesämtern** und **Pfarren** finden sich Personenstandsdaten wie Geburts-, Tauf-, Hochzeits- und Todesdatum. In den österreichischen Bundesländern waren bis auf eine Ausnahme

Achtung! Beim Geburts- und Taufdatum besteht wie beim Sterbe- und Bestattungsdatum stets Verwechslungsgefahr! Notieren Sie am besten immer beide Daten, dann gibt es bei später aufgefundenen Dokumenten keine Unklarheiten.

(im Burgenland, das vor 1921 ein Teil Ungarns war, gibt es ab 1895 standesamtliche Aufzeichnungen) bis 1. Jänner 1939 die Religionsgemeinschaften für die Archivierung zuständig, danach die Standesämter.

Wenn Sie vor Ort in persönlichen Dokumenten recherchieren, bekommen Sie nur dann Einsicht, wenn Sie ein **Verwandtschaftsverhältnis** nachweisen können. Auch bei Online-Anfragen müssen Sie in manchen Fällen die Verwandtschaft belegen. Je weiter entfernt der oder die beforschte Verwandte, desto genauere Angaben müssen Sie übermitteln. Wer im Rahmen wissenschaftlicher Projekte forscht oder etwa für Radio, Fernsehen oder Printmedien arbeitet, muss vorab die Persönlichkeits- und Urheberrechte klären, um das Material verwenden zu können. In Online-Datenbanken sind Sperrfristen zu beachten.

Kirchenbücher sind oft die ersten Quellen, die im Zuge einer Ahnenforschung befragt werden. Solche Bücher (Geburts-, Tauf-, Heirats- und Sterbebücher) werden auch **Matriken** oder **Matrikeln** genannt. Sie finden sich in den Pfarr-, Stifts- oder Diözesanarchiven, oft gibt es sie bereits in digitalisierter Form. Die Aufzeichnungen beginnen zumeist im 17. Jahrhundert, es gibt teilweise aber auch ältere Bücher. Bevor Sie mit der Suche loslegen können, müssen Sie zumindest über zwei Informationen (zusätzlich zum Namen und zu einem Lebensdatum) verfügen:

- Welches **Religionsbekenntnis** hatte die betreffende Person? Es gibt katholische, evangelische und jüdische Matriken, außerdem spezielle Aufzeichnungen für Konfessionslose und für Mischehen (Heirat von Angehörigen verschiedener christlicher Religionsgemeinschaften).

Tipp. Viele dieser Kirchenbücher verfügen über einen **Index**, also eine Art **Inhaltsverzeichnis**. Diese Indizes sind entweder am Ende des Buches zu finden oder aber in eigenen Büchern zusammengefasst. Normalerweise sind die Familiennamen aufgeführt, in Heiratsbüchern geht es nach dem Namen des Bräutigams. Sie können also hier vorab nach einem Namen suchen und danach die richtige Seite (im Index meist als „fol." gekennzeichnet, also folio = Blatt) in den entsprechenden Matriken nachschlagen. Das spart mitunter viel Zeit.

- Welche **Pfarre** ist zuständig? In dörflichen Gemeinden ist das meist einfacher festzustellen, in größeren Städten hingegen ist es manchmal schwieriger. Straßennamen bzw. die Zugehörigkeit zur Pfarre können sich geändert haben. Wenn Sie den Straßennamen der Wohnadresse kennen, können Sie überprüfen, zu welcher Pfarre diese Straße in der untersuchten Zeit gehörte.

Die Kirchenbücher können im jeweiligen Pfarrarchiv ausgehoben und durchgeblättert werden. Leichter (und für die Bücher schonender) ist jedoch die Benutzung via Internet. Eine mittlerweile unentbehrliche Datenbank für Ahnenforscher ist **Matricula Online**. Es ist das größte frei und kostenlos zugängliche Portal seiner Art und stellt hunderte digitalisierte Kirchenbücher zur Verfügung. Allein für Österreich gibt es mehr als

Info. Die Online-Plattform Matricula wurde im Jahr 2009 gegründet, als erste Diözesen stellten St. Pölten, Linz und Passau ihre Matrikenbücher online. Bei der 10-Jahres-Feier Anfang November 2019 sagte Thomas Aigner, Historiker und Leiter des Diözesanarchivs St. Pölten: „Dank Matricula können wir nicht nur die Bücher schonen und Zeit sparen, die wir ansonsten mit dem Ausheben von Büchern verbringen würden. Wir erleben durch die Einführung der Plattform eine neue, nie da gewesene Nutzung der Bücher nicht nur durch an Familiengeschichte Interessierte, sondern ebenso von Personen aus den verschiedensten anderen Forschungsdisziplinen." (http://data.matricula-online.eu/de/bestande)

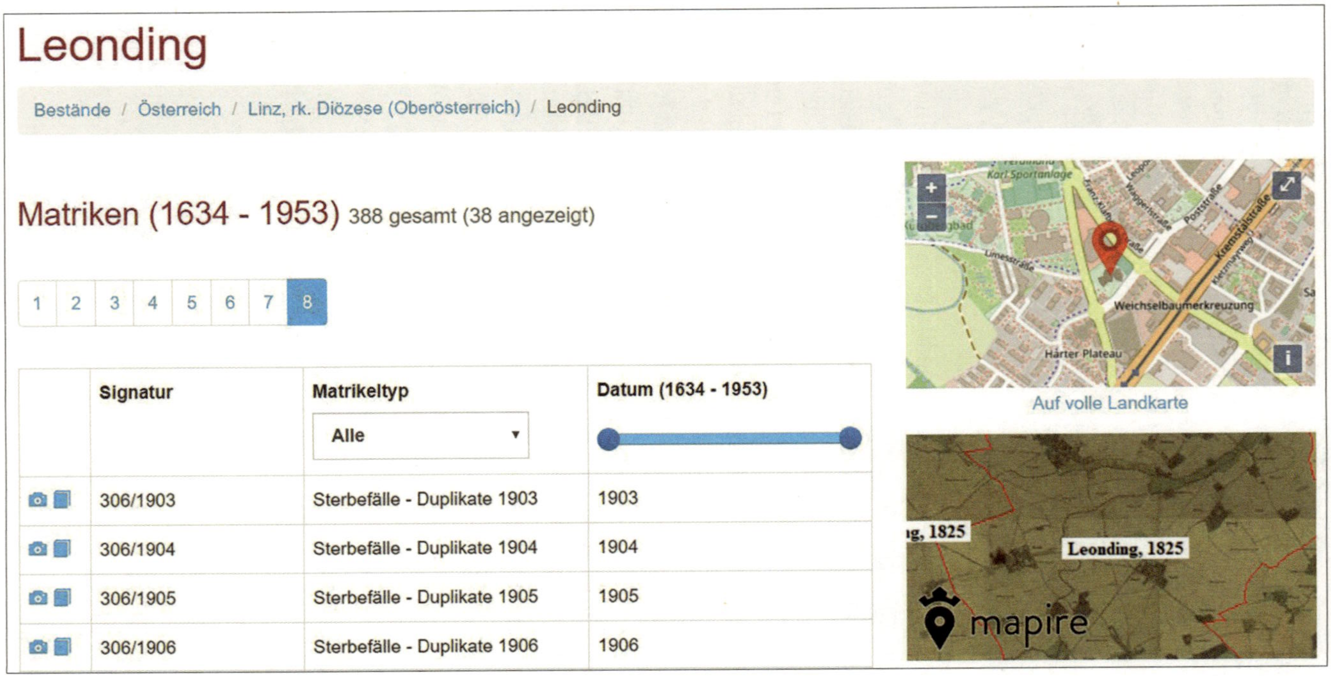

Matricula Online

2.700 Einträge, pro Eintrag = Pfarre finden sich dutzende Geburts-, Tauf-, Heirats- und Sterbebücher. Dazu kommen hunderte Einträge aus Deutschland, Luxemburg, Polen, Serbien und Bosnien. In Summe stehen den Nutzern Daten aus rund 4.000 Pfarren zur Verfügung. Das entspricht etwa 30 Millionen digitalisierten Seiten (Stand Februar 2020) aus Büchern, deren Einträge teilweise bereits Ende des 16. Jahrhunderts beginnen.
Die Suche in der Datenbank ist zunächst nicht ganz leicht, denn es kann (noch) nicht nach Stichworten bzw. Namen gesucht werden. Alles läuft über die **Ortssuche**; das heißt, es muss bereits klar sein, in welcher Pfarre die Person geboren wurde bzw. wohnhaft war. Ahnenforscher brauchen nicht nur den Geburtsort, sondern auch eine möglichst genaue Adresse, um jemanden zu finden. Liegt diese Adresse vor, begibt man sich auf eine aufregende Reise in die Vergangenheit (Kurrent-Kenntnisse sind allerdings Voraussetzung). Falls Sie die Daten für eine Publikation verwenden wollen und nicht in gerader Linie mit der gesuchten Person verwandt sind, gilt es, die **gesetzlichen Sperrfristen** für Österreich zu beachten (https://www.ris.bka.gv.at/GeltendeFassung.wxe?Abfrage=Bundesnormen&Gesetzesnummer=20008228; in Deutschland gelten andere Fristen, sie sind auf der Matricula-Homepage zu finden):

- 100 Jahre seit der Eintragung der Geburt oder
- 75 Jahre seit Eintragung der Eheschließung oder Eintragung der Begründung der eingetragenen Partnerschaft, sofern die Eintragung nicht eine lebende Person betrifft, oder
- 30 Jahre seit Eintragung des Todes.

Evangelische Kirchenbücher können ebenso beforscht werden. Matricula Online hat österreichische evangelische Gemeinden in seinen Bestand aufgenommen (http://data.matricula-online.eu/de/oesterreich/oe-evang-at).
In Deutschland ist **Archion** ein gemeinschaftliches **Projekt der Evangelischen Kirche** in Deutschland und der Mehrheit

der evangelischen Landeskirchen, deren Archive sukzessive ihre Kirchenbücher online stellen. Hier ist allerdings eine Registrierung notwendig (https://www.archion.de).

Auch im **Judentum** spielt die Genealogie eine wichtige Rolle. In der Tora heißt der entsprechende Abschnitt Toledot (תּוֹלְדוֹת, „Geschlechter"). Er erzählt über die Nachkommenschaft Isaaks. Hintergrund für die jüdische Ahnenforschung ist die lange Verfolgungs- und Vertreibungsgeschichte. Nach dem 2. Weltkrieg suchten jüdische Überlebende nach Familienangehörigen. In Wien stellt die **Israelitische Kultusgemeinde** die gesammelten Matriken jedem Interessierten zur Verfügung. Die Bücher sind zwar digitalisiert, aber nur nach persönlicher Anmeldung im Archiv einzusehen. Die Qualität der Digitalisate ist sehr gut und man findet sich im Archiv schnell zurecht. Für die Benutzung und die Anfertigung von Kopien wird eine Gebühr verrechnet. Die günstigste Variante ist eine Wochenkarte um 18 Euro (Stand Februar 2020; http://www.archiv-ikg-wien.at/archivportal/bestaende/matriken).

Geburts- und Sterbedaten lassen sich auch über die **Gräbersuche** herausfinden. Zahlreiche Friedhöfe haben bereits ein digitales Archiv, wo durch Eingabe eines Namens mögliche verstorbene Personen und der Bestattungsort angezeigt werden. Auf der Seite der Wiener Friedhöfe sehen Sie auf dem eingeblendeten Plan auch gleich den genauen Standort des Grabes (https://www.friedhoefewien.at/grabsuche_de).
In den anderen Bundesländern gibt es in manchen Gemeinden bereits ähnliche Suchmaschinen. Am besten wenden Sie sich an die entsprechende Pfarre. Gräber auf **jüdischen Wiener Friedhöfen** können über die Gräbersuche der Israelitischen Kultusgemeinde Wien gefunden werden (https://secure.ikg-wien.at/db/fh).

Grundherrschaftliche Unterlagen

Von besonderer Bedeutung sind auch sogenannte grundherrschaftliche Unterlagen wie historische Grundbücher. Regional sind sie auch als **Amtsbuch, Erbbuch, Handelsbuch, Kaufbuch, Landbuch, Verfachbuch** (Tirol) oder **Vererbungsbuch** bekannt. Diese Bücher enthalten handschriftliche Protokolle über Kaufverträge für Häuser, Grundstücke oder andere Güter. Zuständig für diese Aufgabe war die Grundherrenschaft, ein Amt, das die Aufgaben der heutigen Bezirksgerichte, des Finanzamtes bzw. der Polizei erfüllte. Die Dokumente sind meist in den Stadt- und Landesarchiven zu finden, viele sind aber noch immer in Privatbesitz. Kontaktieren Sie in diesem Zusammenhang auch Heimatforscher in Ihrer Umgebung. Wie bei vielen anderen Urkunden ist auch hier fließendes Kurrent Voraussetzung! (https://www.oesta.gv.at/landesarchive)
Wichtig ist es, zu bedenken, dass Österreich nicht immer die heutigen Staatsgrenzen hatte. Zur Zeit der Habsburgermonarchie gehörten die sogenannten Kronländer zum Reich, also

das ehemalige Böhmen und Mähren, die Bukowina und Dalmatien sowie Teile Italiens und Ungarns. Grundbücher können daher auch in ausländischen Archiven liegen (siehe Kapitel 2, ► Seite 61).
Im Zusammenhang mit grundherrschaftlichen Unterlagen wird es immer wieder notwendig sein, dass Sie sich mit Gesetzestexten und rechtlichen Fragen auseinandersetzen. Eine Anlaufstelle ist die Sammlung **ALEX** der Österreichischen Nationalbibliothek. Hier finden Sie diverse Gesetzblätter, Protokolle, Verordnungsblätter, Amtskalender und städtische Jahrbücher (http://alex.onb.ac.at).

Meldeunterlagen

In den Stadt- und Landesarchiven finden Sie weitere Dokumente, die für Ahnenforscher, die noch ganz am Beginn ihrer Recherchen stehen, von großem Wert sind. So geben die jeweiligen **Meldezettel** der betroffenen Personen nicht nur Auskunft über den Wohnort, sie verraten auch sonst noch einiges: Wenn z.B. keine Heiratsurkunden zu finden sind, kann vielleicht der Meldezettel Aufschluss über eine Eheschließung bringen, sind doch die Partner meist eingetragen. Spannend ist es auch, den Lebensweg der Verwandtschaft zu verfolgen. Manche Personen sind immer wieder umgezogen, manche verbrachten ihr ganzes Leben an einer Adresse. Historische Meldeunterlagen bekommen Sie über schriftlichen Antrag in den Stadt- und Landesarchiven. Eine Aushebung muss begründet werden (z.B. verwandtschaftliches Verhältnis oder wissenschaftliche Forschung) und ist in den allermeisten Fällen gebührenpflichtig. In den Stadt- und Landesarchiven lagern außerdem noch viele andere Dokumente wie Krankenakten oder auch ganze Nachlässe (Link zu den Stadt- und Landesarchiven siehe ► Seite 51).

Adressbücher

Historische Adressbücher sind neben Meldeunterlagen und Kirchenbüchern weitere unentbehrliche Hilfsmittel in der Ahnenforschung. In Wien ist die erste Anlaufstelle „Adolph Lehmann's allgemeiner Wohnungs-Anzeiger", der komplett (teilweise jedoch leider in schlechter Qualität, was den Forschern einiges an Fantasie und Kombinationsgabe abverlangt) digitalisiert wurde und auf der Homepage der Wienbibliothek zu finden ist (https://www.digital.wienbibliothek.at/nav/classification/2609).
Hier kann digital in Wiener Adressbüchern von 1859 bis 1942 geblättert werden. Gesucht werden kann über das Einwohnerverzeichnis, ein Branchenverzeichnis, ein Straßenverzeichnis und ein Behördenverzeichnis. Dieses Adressbuch ist in vielerlei Hinsicht eine Schatzgrube: Sie finden nicht nur Informationen zu Hausbesitzern, sondern erfahren nebenbei auch den Beruf der gesuchten Person und oft noch die Firmenadresse, falls diese Person ein Gewerbe ausübte. Kurios sind auch andere Einträge: So ist den allgemeinen Einträgen stets ein „Genealogisches Verzeichnis des regierenden Kaiserhauses Österreich" (später vereinfacht: „Österreichisches Kaiserhaus") vorangestellt. Es enthält „den Stand des durchlauchtigsten Kaiserhauses" im entsprechenden Jahr. Zunächst gibt es Einträge zu Kaiser Franz Joseph und Kaiserin Elisabeth samt ihren Titeln und Lebensdaten (bei Kaiserin Elisabeth ist in dieser Ausgabe des Buches der Geburtsort falsch eingetragen: Pfaffenhofen ist durchgestrichen und handschriftlich durch München ersetzt). Danach folgen Kinder und Geschwister. So war man stets auf dem neuesten Stand.

Info. Die Wienbibliothek gehört zu den größten wissenschaftlichen Bibliotheken Wiens. Neben rund 600.000 Büchern finden sich dort 100.000 Musikhandschriften, 350.000 Plakate und 1.400 Nachlässe.

Achtung! Straßennamen haben sich immer wieder geändert, ebenso die Nummerierung der Gebäude. Historische Wiener Straßennamen und wie die Straßen heute heißen finden Sie auf Wien Geschichte WIKI unter dem Begriff „Topografische Objekte" (https://www.geschichtewiki.wien.gv.at).

Im Bestand der Wienbibliothek finden sich **zahlreiche weitere Adressbücher**, etwa das „Addressen-Buch [sic!] von Tonkünstlern, Dilettanten [Amateure, Laien], Hof-Kammer-Theater- und Kirchenmusikern [sic!]" oder jenes „der ehrsamen Handwerks-Innung". Es gibt außerdem ein „Alphabetisches Verzeichniß [sic!] der Plätze, Straßen und Gassen der Stadt Wien mit der Angabe der zugehörigen Leichensammelkammern" aus dem Jahr 1878 oder „Das Buch der Häuser und Hausbesitzer Wiens" aus dem Jahr 1908. Auch zur Bezirksgeschichte sind zahlreiche historische Publikationen online zu finden, außerdem Stadtpläne und Reiseberichte. Man kann sich auf diesen Seiten recht schnell verlieren …

Historische Protokollbücher

Auch in den **Bundesländern** kann online in Adressbüchern geblättert werden. Die oberösterreichische Landesbibliothek hat das „Amtliche Linzer Adreßbuch" der Jahre 1928 bis 1940 digitalisiert. Hier kann auch nach Stichworten gesucht werden. Die Seite bietet die Möglichkeit, weitere Digitalisate zu durchsuchen, etwa durch Eingabe eines Zeitraumes. Die digitalen Dokumente sind von sehr guter Qualität und werden ständig erweitert (https://digi.landesbibliothek.at/viewer/index).

In anderen Bundesländern wie etwa dem Burgenland, der Steiermark und Kärnten sind die Landesbibliotheken noch nicht so weit. Es wurde erst wenig digitalisiert, die Online-Benutzung ist eher unübersichtlich und mühsam. Ein persönlicher Besuch im Archiv ist anzuraten.

Wer in Sachen Adressen sehr spezielle Informationen sucht, dem sei der Besuch des Portals **„Familia Austria – Österreichische Gesellschaft für Genealogie und Geschichte"** ans Herz gelegt. Hier wurden zahlreiche Seiten aus verschiedenen Epochen und Bundesländern gesammelt. Durchklicken lohnt sich! (https://www.familia-austria.at/index.php/forschung-und-service/netzrecherche/132-beitraege/751-adressbuecher#h3-3-1-gesamt-oesterreich)

Einige Links zu Adressbüchern sind auch auf der Wiki-Seite der **„Österreichischen Gesellschaft für Familien- und regionalgeschichtliche Forschung (ÖFR)"** zu finden (https://wiki.oefr.at/Adressbücher).

Hat man eine Adresse entdeckt, ist es spannend, diese auch in **historischen Straßenkarten** zu suchen. Eine wertvolle Anlaufstelle in Sachen Kartenmaterial sind die Bezirksmuseen. Hier arbeiten kompetente Personen, die Ihnen dabei helfen können, die richtige Adresse zu finden.

Auch im Internet sind **historische Karten** einzusehen. Historische **Stadtpläne** von Wien finden Sie auf der Seite der Stadt, auf mapire finden Sie z.B. Landesaufnahmen aus Josephinischer Zeit und anderes mehr (https://www.wien.gv.at/kulturportal/public; https://mapire.eu/de).

Bei einer Adressenrecherche für ein Buchprojekt suchte die Autorin nach der ersten bestätigten Adresse einer aus Frankreich zugezogenen Familie. Sie fand einen Eintrag in Lehmanns Adressbuch von 1859: Schwer lesbar stand da „Neulerchenfeld, Gärtnergasse 167" (die damalige Gärtnergasse entspricht der heutigen Grundsteingasse in Wien-Ottakring). Auch im Lehmann von 1861 ist diese Adresse notiert. Ein späterer Abgleich mit historischen Stadtplänen im Bezirksmuseum Ottakring ließ die Autorin und den Museumsmitarbeiter jedoch ratlos zurück, fand sich doch die Hausnummer im Straßenplan nicht. Ein Abschreibfehler? Eine Verwechslung? Eine Ungenauigkeit der damaligen Behörden? Oder einfach eines jener Rätsel, die nicht endgültig gelöst werden können.

Fotorecherche

Fotoalben gehören zu den sogenannten **visuellen Quellen**. So manches Familienrätsel kann gelöst werden, weil irgendwann Fotos auftauchen, die entscheidende Hinweise liefern. Unbekannte Gesichter auf Familienfotos führen oft in völlig ungeahnte Richtungen. Drehen Sie die Fotografien stets auch um, denn auf der Rückseite ist oft etwas vermerkt – ein Datum, ein Ort, vielleicht auch der Name einer Person. Auch eine Bildunterschrift in einem Album kann wertvolle Hinweise enthalten. Viele Museen haben es sich mittlerweile zur Aufgabe gemacht, private Familienalben zu untersuchen und zu archivieren. Dabei werden Muster und Ähnlichkeiten sichtbar. Auch wenn jedes Album einzigartig ist – es gibt aufwendig bearbeitete, sorg-

„Ich habe von einem Großonkel sehr viele Fotos bekommen, zum Beispiel Fotos von Menschen, die meine Urgroßeltern waren. Das wusste ich vorher nicht. Aber er hat die Bilder praktischerweise hinten beschriftet."

Petra K., Hobby-Ahnenforscherin

Info. Im Wiener Volkskundemuseum werden historische Familienalben gesammelt. Das Archiv wächst stetig. Es gibt Alben aus dem Groß- und Kleinbürgertum, aber auch einige Arbeiter- und Bauernalben. Die Alben – vor allem aus der Zeit zwischen 1930 und 1950 – werden dem Museum aus Nachlässen zur weiteren Forschung zur Verfügung gestellt, viele stammen aber auch von Flohmärkten. Die Forscher beschäftigen sich mit den Inhalten genauso wie mit der Form der Alben, versuchen sie in ihrer ursprünglichen Form zu erhalten und stellen ihre Erkenntnisse der Öffentlichkeit zur Verfügung (https://privatefotografie.wordpress.com).

fältig beschriftete Alben genauso wie nachlässig geklebte und unkommentierte Alben –, wiederholen sich Motive und Anlässe doch immer wieder. Fotografiert wurde und wird bei speziellen Ereignissen wie Geburtstagen, Familienfeiern und auf Reisen. Die Recherche anhand von Fotografien ist manchmal schwierig, liegen doch die Hinweise im Detail. Oft sind Straßennamen oder Geschäftsschilder nur mit der Lupe zu entziffern. Bekannte Gebäude und Denkmäler können die Suchenden auf die richtige Fährte führen. In Foren und Facebookgruppen wird diskutiert,

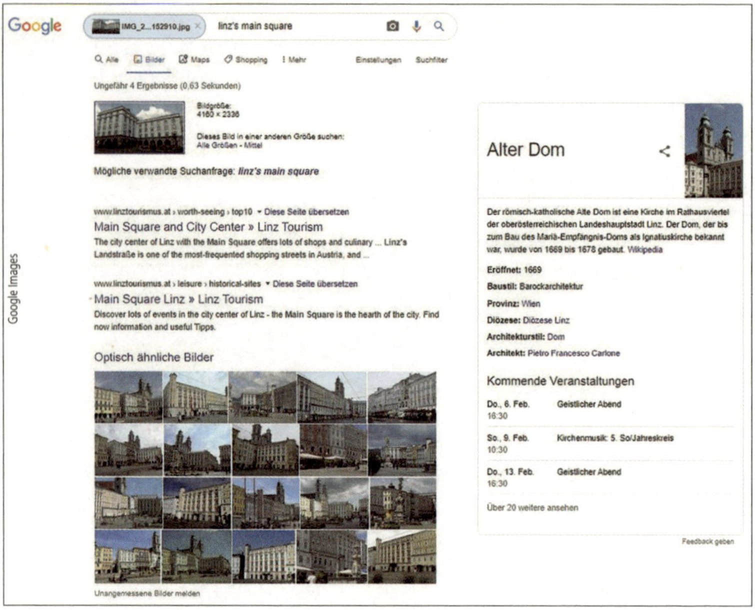

wo und wann eine bestimmte historische Fotografie entstanden sein könnte (siehe Kapitel 4, ► Seite 87). Im Internet gibt es einige Möglichkeiten, Bilder hochzuladen und mit anderen zu vergleichen. Ein Service von Google ermöglicht es Ahnenforschern, das Bild historisch oder städtebaulich einzuordnen. Anhand dieser Informationen kann weiter recherchiert werden (https://images.google.com).

Wie bei allen anderen Quellen, die Ahnenforscher bei der Suche nach ihrer Familiengeschichte entdecken, ist es auch im Bereich der Fotografie unerlässlich, die eigene Recherche sorgfältig zu dokumentieren. Sobald eine Person auf einem Foto identifiziert, ein Datum geklärt oder ein Ort entdeckt wurde, schreiben Sie die Information (mit einem ganz weichen Bleistift!) auf die Rückseite der Fotografie oder auf ein Trennblatt. Wenn das Foto nicht in Ihrem Besitz ist, scannen Sie es oder fotografieren es ab und speichern es unter einem passenden Titel im entsprechenden Ordner.

Bei der Recherche zur ersten österreichischen Regisseurin Louise Fleck lagen der Autorin zunächst nur wenige Informationen vor, war doch kaum Persönliches dieser Frau erhalten – keine Fotos, keine Briefe, kein Tagebuch. Erst spät entdeckte die Autorin in einem Abstellraum des Enkelsohnes, hoch oben in einem Regal, zwei alte Filmrollenkartons. Darin befanden sich dutzende Fotos, die die Probandin in beinahe allen Lebenslagen zeigten. Louise Fleck wurde plötzlich lebendig, Personen auf den Bildern konnten Ereignissen zugeordnet werden, Flucht und Exil wurden greifbar. Ein Glücksfall für die Biografieforscherin!

Familienfilme

Neben Fotografien sind auch **Filme** eine sprudelnde Quelle für Ahnenforscher. Bei jedem der Filme handelt es sich um persönliche Erinnerungen – also Unikate –, die für immer verloren wären, würde man sie unbedacht einfach wegwerfen. Manchmal finden sich 35-mm-Filme aus der ganz frühen Zeit der Filmerei, meistens sind es jedoch Super-8-Filme aus den 1970er-Jahren; außerdem gibt es in vielen Familien Videomaterial aus den 1980er-Jahren. Spannend wird es für Ahnenforscher, wenn sie diese Filme mit Verwandten gemeinsam ansehen: Kommentare und Hinweise sorgen für eine exklusive Reise in die Vergangenheit und können die eine oder andere Lücke im Familiennarrativ schließen. Sie sollten jedoch immer bedenken, dass Filme genauso wie Fotografien oft ein Idealbild zeigen; es sind Momentaufnahmen, die vielleicht komplett aus dem Zusammenhang gerissen wurden. Unangenehmes wurde und wird selten in Familienfotoalben und Filmen gezeigt. Das, was nicht zu sehen ist, die Lücken und Leerstellen, sind aber – ähnlich wie in den von Zeitzeugen erzählten Geschichten – vielleicht gerade die spannenderen Augenblicke. Häufig wurden die Aufnahmen inszeniert, um das Familienbild umzuschreiben und zu

Info. Das Österreichische Filmmuseum sammelt seit einigen Jahren private Filmaufnahmen. Gemeinsam mit den Überbringern wird das Material gesichtet, denn viele Filme erschließen sich für Außenstehende nur durch zusätzliche Erklärungen. Im Rahmen verschiedener Programme werden die Filme auch der Öffentlichkeit zugänglich gemacht, z.B. im Projekt „am rand : die stadt", in dem gesammelte Aufnahmen vom Wiener Stadtrand (örtlich und symbolisch) gezeigt werden (https://www.filmmuseum.at/forschung_vermittlung/forschung/forschungsprojekte)

idealisieren. Es gilt daher, den Anwesenden aufmerksam zuzuhören, Details zu notieren und später in einem ruhigen Moment nochmals nachzufragen!

Auch im privaten Bereich gilt: Lassen Sie Ihre Verwandten ruhig einmal ausführlich erzählen. Was Ihnen vielleicht als Kind auf die Nerven gegangen ist – das ewige Kommentieren der Großeltern, Onkel und Tanten –, lässt Sie die Bewegtbilder jetzt besser einordnen. Die meisten dieser Filme sind Stummfilme und ohne die Erklärungen derer, die dabei waren oder die Protagonisten der Filme noch kannten, schwer zu verstehen. Wenn das Wissen fehlt, können Quellen auch in die Irre führen. Nur wer nachfragt, wird die Zusammenhänge verstehen.

Was wir aus den Bildern – egal ob Fotos oder Filme – tatsächlich schließen, ist eine **Frage des Blickwinkels**. Forscher, die bildwissenschaftlich interessiert sind, werden etwas anderes in den

„Kürzlich gab es einen Filmüberbringer, der nach vielen Treffen und aufwendiger Recherche schließlich alle im Film vorkommenden Personen identifizieren konnte. Der Film stammt aus den frühen 1930er-Jahren. Er hat eine Liste gebracht, in der die Lebensdaten ganz genau standen, sogar den Namen einer Katze konnte er rausfinden. Das war wirklich beeindruckend!"

Stefanie Zingl, Österreichisches Filmmuseum

Bildern entdecken als Historiker oder Soziologen, die sich mit politischen Entwicklungen oder gesellschaftlichen Phänomenen beschäftigen. Und eine Privatperson, die nach Spuren in einer unklaren Familiengeschichte sucht, entdeckt wiederum etwas anderes. Es liegt an den Betrachtern, die gezeigten Motive einzuordnen, zu analysieren und schließlich die Leerstellen in der Familienchronik mit neuen Erkenntnissen zu füllen.

Archivrecherche im Ausland

Manchmal ist es im Laufe der Recherchen notwendig, ein **Archiv im Ausland** zu besuchen. Österreichische Biografien haben oft Seitenarme in die ehemaligen Kronländer, viele Ahnenforscher werden daher in Deutschland, Tschechien, der Slowakei, Ungarn oder Slowenien fündig. In Deutschland ist das Bundesarchiv

die erste Anlaufstelle. Hier finden Sie vor allem Informationen, wenn Sie sich mit der Zeit zwischen 1930 und 1950, also vor allem mit dem Zweiten Weltkrieg, beschäftigen (siehe Kapitel 2, ► Seite 61) (https://www.bundesarchiv.de).
Dokumente aus den ehemaligen Kronländern finden Sie in den jeweiligen Staatsarchiven. Diese Recherche ist aufwendig, zumal nicht alle Archivwebseiten bereits eine deutsche oder englische Übersetzung anbieten. Bei schwierigen Fragen können Sie sich an Berufsgenealogen wenden. Einige verfügen über Kenntnisse in diesen Fragen oder haben Kontakte zu Übersetzern (siehe Kapitel 5, ► Seite 112).
Aber auch andere Archive in Europa können eine Anlaufstelle sein. Wenn es um Fragen zu Flucht und Exil geht, müssen Sie eventuell den Weg Ihrer Verwandten genauer verfolgen und in Frankreich, Portugal, Großbritannien oder auch in Israel nach Antworten suchen.
Manche dieser Archive sind ebenfalls bereits digitalisiert und können bequem von zu Hause aus beforscht werden. Sollte das nicht der Fall sein und Sie planen eine Reise in das entsprechende Land, machen Sie sich vor dem persönlichen Besuch zunächst mit dem Prozedere des gewünschten Archives vertraut. Planen Sie genügend Zeit ein, kontaktieren Sie die betreffende Stelle

Bei Recherchen zum portugiesischen Diplomaten Aristides de Sousa Mendes – er rettete um 1941 zehntausende NS-Flüchtlinge, indem er ihnen als Konsul von Bordeaux unautorisierte Visa für Portugal verschaffte – suchte die Autorin im Nationalarchiv Torre de Tombo und in anderen Archiven in der portugiesischen Hauptstadt Lissabon nach Dokumenten und Fotografien. Dabei kam es zu Verzögerungen aufgrund der schier undurchschaubaren portugiesischen Bürokratie, die geplante Abreise rückte immer näher. Da die Autorin jedoch die Landessprache beherrscht und sich glücklicherweise immer wieder hilfsbereite Mitarbeiter in den Archiven finden, konnte das entdeckte Material schließlich doch noch persönlich abgeholt werden.

Dokumente in einem portugiesischen Archiv

vorab. Vergessen Sie bei einem Besuch nicht auf Ihren eigenen Personalausweis und Ihre Dokumente (zum Beispiel, um das Verwandtschaftsverhältnis zu bestätigen). Wenn Sie die Landessprache nicht beherrschen, nehmen Sie einen Übersetzer mit.

Achten Sie bei Recherchen, die das Ausland betreffen, stets auf die **Schreibweise** von Namen: Oft wurden – zum Beispiel bei den sogenannten Donauschwaben, die im Zweiten Weltkrieg aufgrund ihrer deutschen Herkunft von ihren Höfen (etwa im ehemaligen Jugoslawien) vertrieben wurden – die Namen eingedeutscht, Akzente gingen dadurch verloren. Je genauer Sie zuvor recherchiert haben, desto leichter werden Sie sich in fremdsprachigen Archiven tun.

Im Fall von Forschungen außerhalb Österreichs sind natürlich auch **Online-Ahnenforschungs-Plattformen** von großem Nutzen. Dort finden Sie – als registrierter Nutzer – zahlreiche Hinweise und Links, die Ihnen weiterhelfen können (siehe Kapitel 3, ▸ Seite 73).

Jüdische Genealogie

Ahnenforscher in Österreich stellen sich häufig Fragen, die die nähere Vergangenheit betreffen, also vor allem die Zeit des **Zweiten Weltkrieges**. Es sind Familienschicksale, die mit dem Verlust von Verwandten in Zusammenhang stehen: Personen jüdischer Abstammung, deren Großeltern in nationalsozialistischen Vernichtungslagern getötet wurden oder deren Eltern durch Flucht (etwa mithilfe sogenannter Kindertransporte) in alle Welt verstreut wurden, begeben sich auf Spurensuche.

Bereits erwähnt wurden die **jüdischen Matriken**, die in Österreich im Archiv der Israelitischen Kultusgemeinde (IKG) in Wien aufbewahrt werden (siehe Kapitel 2, ▸ Seite 50). Zur weiteren Recherche sei das **Findbuch** (ein Projekt des **Nationalfonds der Republik Österreich**) empfohlen. Hier wurden zahlreiche Links zu Internetseiten zusammengetragen, die NS-Opfern und ihren Angehörigen die Suche erleichtern sollen. Derzeit (Stand Februar 2020) finden sich auf dem Portal über 200.000 Datensätze von Archivbeständen, unter anderem auch

Jüdische Grabsteine am Wiener Zentralfriedhof

zu NS-Vermögensentziehungen und zu österreichischen Restitutions- und Entschädigungsmaßnahmen (https://www.findbuch.at).

In der zentralen **Datenbank für Holocaustopfer Yad Vashem** finden sich die Namen von 4.800.000 Jüdinnen und Juden, die von den Nationalsozialisten ermordet wurden. Die Seite gibt es seit dem Jahr 2004, sie kann auf Deutsch aufgerufen werden (https://yvng.yadvashem.org/index.html?language=de).

In Deutschland ist vor allem das **„Zentralarchiv zur Erforschung der Geschichte der Juden in Deutschland"** eine wichtige Quelle. Zahlreiche Dokumente wie Personenstandsregister, aber auch diverse Protokolle sind bereits auf Mikrofilm digitalisiert und einsehbar. Für weitere Recherchen muss ein Nutzungsantrag gestellt werden (https://zentralarchiv-juden.de).

Der **Internationale Suchdienst** bietet auf seiner Homepage zahlreiche Tools an, die Ihnen bei Ihrer Forschung helfen können. Das geht von der Geschichte der Konzentrationslager über die polizeiliche Verfolgung und Deportation der jüdischen Bevölkerung bis hin zur Versorgung und Unterstützung der Displaced

Persons nach 1945. Nachgezeichnet werden Emigrationswege, es gibt Informationen zu Entschädigung und Restitution (https://arolsen-archives.org).
Einen **zionistischen Suchdienst** gibt es auch in Jerusalem. Auf der Internetseite bekommen Sie auf Englisch und Hebräisch neben Hilfestellung bei der Suche nach vermissten Angehörigen auch jede Menge spannender Informationen zur jüdischen Geschichte (http://www.zionistarchives.org.il/en).
Viele **weitere Links** für jüdische Ahnenforscher sind auf **Gen-Wiki** zusammengefasst. Auch hier besteht jedoch wieder das Problem des Überangebots. Es braucht viel Geduld, um sich durch alle Links zu klicken. Manche Seiten sind mittlerweile umgesiedelt oder existieren nicht mehr (http://wiki-de.genealogy.net/Jüdische_Genealogie).
Hinweise auf vertriebene Familienmitglieder finden Sie auch auf Seiten, die sich mit Auswanderung beschäftigen. Hier können Sie in Passagierlisten oder Einwanderungsunterlagen recherchieren – das gilt freilich nicht nur für jüdische Flüchtlinge, sondern auch für von den Nationalsozialisten **aus politischen Gründen verfolgte Personen** (siehe Kapitel 5, ► Seite 106).

Fragen zu NS-Angehörigen

Immer öfter wird auch in jenen Familien nachgeforscht, in denen Angehörige **Nationalsozialisten** waren. Es geht darum, welche Rolle der Großvater oder die Großmutter in den Jahren 1938 bis 1945 gespielt hat. Nachdem jahrzehntelang geschwiegen wurde, stellen nun die nachfolgenden Generationen vermehrt Anfragen an die entsprechenden Archive. Wichtige Dokumente zu SS- und Wehrmachtsangehörigen sowie Informationen zur NSDAP-Mitgliedschaft finden sich im **Deutschen Bundesarchiv** in Berlin bzw. in Freiburg im Breisgau (https://www.bundesarchiv.de/DE/Navigation/Home/home.html).

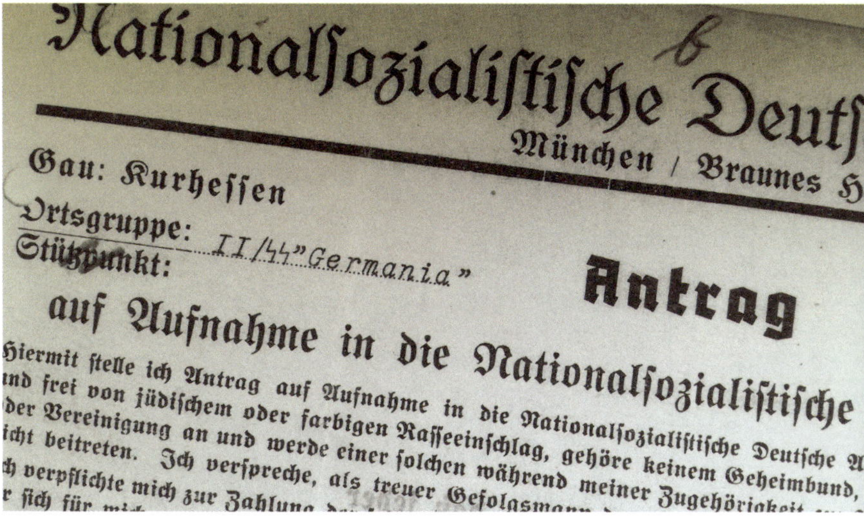

Nationalsozialistische Deuts
München / Braunes H
Gau: Kurhessen
Ortsgruppe: II/44 "Germania"
Stützpunkt:
Antrag
auf Aufnahme in die Nationalsozialistische
Hiermit stelle ich Antrag auf Aufnahme in die Nationalsozialistische Deutsche A
und frei von jüdischem oder farbigen Rasseeinschlag, gehöre keinem Geheimbund,
der Vereinigung an und werde einer solchen während meiner Zugehörigkeit
icht beitreten. Ich verspreche, als treuer Gefolgsmann
h verpflichte mich zur Zahlung

Die Aushebung von Unterlagen im Deutschen Bundesarchiv ist kostenpflichtig und dauert einige Monate – haben Sie Geduld. Wenn der von Ihnen beforschte Verwandte im Krieg gefallen ist, finden sich eventuell Hinweise in den von Ihnen angeforderten Unterlagen des Bundesarchivs. Die Suche nach dem genauen Todesort, Zeitpunkt und Bestattungsort ist oft schwierig, weil die Informationen zu Kriegszeiten geheim gehalten wurden (siehe Kapitel 5, ► Seite 104).

Viele Personen im deutschsprachigen Raum verfügen über einen sogenannten **Ahnenpass** („Ariernachweis"). Vielleicht finden Sie solch ein Dokument in einer Dokumentenmappe

Tipp. Wenn Sie eine Reise nach Berlin oder Freiburg planen und persönlich im Bundesarchiv recherchieren wollen, reservieren Sie am besten bereits im Vorhinein einen Platz im Lesesaal. Dort bekommen Sie dann stressfrei Einsicht in die von Ihnen gewünschten Akten.

Info. Ab 1933 benutzten die Nationalsozialisten in Deutschland die Genealogie für ihre Zwecke. Es ging dabei nicht nur darum, Einzelpersonen als „arisch" zu definieren, sondern auch darum, einen Überblick über ganze Familien zu bekommen („Sippenforschung"). Behörden und Kirchen wurden aufgefordert, Daten zu sammeln und zu übermitteln. So konnte festgestellt werden, welche Juden im 18. und 19. Jahrhundert zum Christentum übergetreten waren und sich taufen ließen. Mit den Nürnberger Rassengesetzen festigten die Nationalsozialisten im September 1935 ihre antisemitische und rassistische Ideologie und gaben ihr ein rechtliches Fundament. Auf dieser Basis wurden Menschen nun als „Arier" bzw. als „Volljuden" oder „Halbjuden" klassifiziert. Ihr Schicksal war damit bereits entschieden.
Ein weiterer nationalsozialistischer Auswuchs in Sachen Genealogie war deren Auslegung der Eugenik, der Erbgesundheitslehre: die „Rassenkunde" und schließlich die „Rassenhygiene". Hier wurde innerhalb der „arischen" Bevölkerung nach – laut nationalsozialistischer Auffassung vererbten – Krankheiten gesucht. Menschen mit geistigen oder körperlichen Behinderungen, aber auch sogenannte „Asoziale" und Alkoholiker galten als „erbkrank", wurden ausgesondert. Rund 200.000 dieser Menschen wurden von den Nationalsozialisten zwischen 1941 und 1945 in Gaskammern, aber auch durch systematisches Verhungern-Lassen oder medizinische Experimente getötet.

oder im Nachlass eines Verwandten. Dieses unter zweifelhaften Umständen erstellte Dokument erweist sich für Ahnenforscher heute dennoch als eine interessante Quelle. Der Ahnenpass reicht mehrere Generationen zurück. Er enthält nicht nur Namen und Lebensdaten der Verwandten, sondern oft auch Geburtsorte und Berufsbezeichnungen. Die Beschäftigung mit der Familiengeschichte im Kontext des Zweiten Weltkrieges kann mitunter – je nachdem, auf welcher Seite die Verwandten standen – traurige oder schockierende Details ans Licht bringen. Denn der Ahnenpass entschied über Leben und Tod, teilte die Menschen in „Rassen" ein.
Es ist oft erst die **dritte Nachkriegsgeneration**, die sich mit der Aufarbeitung der NS-Zeit und der damit verbundenen Ahnenforschung beschäftigt. Kinder von Kriegsopfern oder

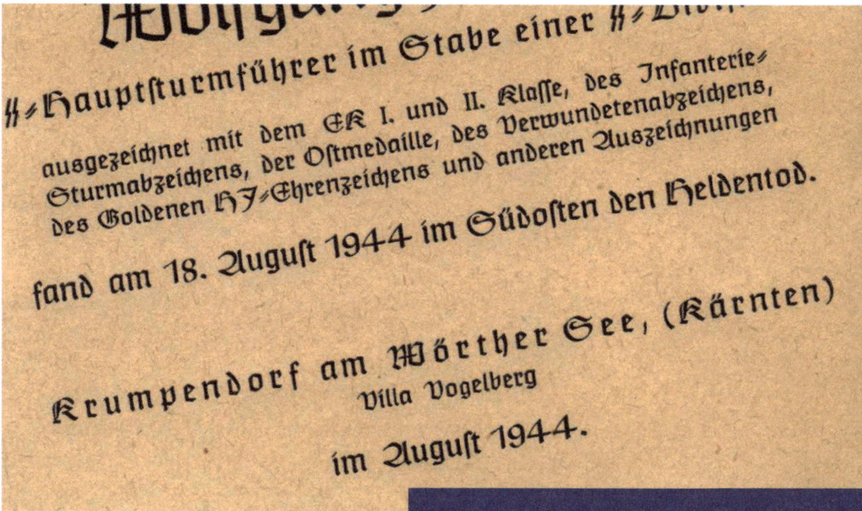

SS-Hauptsturmführer im Stabe einer SS-

ausgezeichnet mit dem EK I. und II. Klasse, des Infanterie-Sturmabzeichens, der Ostmedaille, des Verwundetenabzeichens, des Goldenen HJ-Ehrenzeichens und anderen Auszeichnungen

fand am 18. August 1944 im Südosten den Heldentod.

Krumpendorf am Wörther See, (Kärnten)
Villa Vogelberg

im August 1944.

Todesnachricht (Kriegsgefallener)

-tätern bekamen selten Antworten auf ihre Fragen. Sie sollten behütet und ohne dunkle Schatten aus der Vergangenheit aufwachsen. Enkelkinder tun sich leichter. Sie sind nicht mehr so nahe an der Geschichte dran und haben in vielen Fällen ein anderes – innigeres – Verhältnis zu ihren Großeltern.

Literaturstudium und Linksammlungen

Wer sich mit Ahnenforschung beschäftigt, dem sei auch die entsprechende **Fachliteratur** ans Herz gelegt. Allgemeines Wissen zur Geschichte und Politik Österreichs verschafft Forschenden einen zusätzlichen Vorteil bei der Erforschung der eigenen Familie. Erinnerungen können zeithistorisch eingeordnet, Daten und Fakten verifiziert werden. Aber auch Bücher zu Themen wie Schrift, Wappenkunde, Filmanalyse und vielem mehr helfen Ihnen, Details besser zu verstehen (einige Tipps finden Sie im Literaturverzeichnis, ► Seite 149).

Spurensuche im Nebel – Vergangenheitsbewältigung der Kriegsenkel

Wie werden Familiengeschichten weitererzählt? Was wird ausgelassen, was wird betont, wie verändern sich die Narrative über die Generationen hinweg? Seit einigen Jahren gibt es bei vielen Kriegsenkeln das Bedürfnis, mehr zu erfahren. Die Digitalisierung von Daten erleichtert die Ahnenforschung, in zahlreichen Büchern beschäftigen sich Autorinnen und Autoren der dritten Generation mit ihrem Familienerbe. Der deutsche Religionshistoriker Joachim Süss, geboren 1961, nennt seine Generation „Nebelkinder". Menschen, die eine unbeschwerte Kindheit hatten, die in Friedenszeiten aufwuchsen, und die doch irgendwie ein diffuses Gefühl spürten – Unausgesprochenes, Verdrängtes. Kinder von Eltern, die Heimatverlust, Gewalt und Hunger erlebten, deren Familien verschwanden oder zerrissen wurden. Eltern, deren abwesende Väter als Helden verehrt oder totgeschwiegen wurden.

Biografien bilden sich immer in gesellschaftlichen Strukturen aus, reiben sich an diesen Strukturen. Biografien sind nicht linear und nicht kohärent. Und je nachdem, wer über ein bestimmtes Ereignis spricht, verändert sich die Biografie, wird zu einer neuen Narration. Die Soziologin und Biografieforscherin Maria Pohn-Lauggas analysiert Familiengeschichten im nationalsozialistischen Kontext. Ihr geht es in ihren Interviews unter anderem darum, herauszufinden, ob und wie Enkelkinder nachfragen und ob sie mehr erfahren als ihre Eltern: „Die zweite Generation, vor allem im Bereich der Täterfamilien, hatte noch relativ eingeschränkte Möglichkeiten, ihre Eltern zu konfrontieren und die Frage zu stellen: Warum habt ihr dort mitgemacht?" Das sei für die nachfolgende Generation, also die Enkelkinder, leichter. Großeltern würden ihnen mehr erzählen, meint die Soziologin, vielleicht hätten sie in höherem Alter ein stärkeres Bedürfnis, sich mitzuteilen, etwas klarzustellen oder ihre Sicht der Dinge zu vermitteln.

Erst seit einigen Jahren beschäftigen sich die Kriegsenkel mit ihrer Familiengeschichte. Sie wollen sie nicht nur akademisch-historisch aufarbeiten, sondern vor allem emotional. „Vielen Kriegsenkeln ist gemeinsam, dass sie den Eltern nicht zur Last fallen wollten. Deshalb versuchten sie, noch besser in der Schule zu sein als alle anderen und kein Aufhebens um sich zu machen. Sie waren immer die Starken, und niemand sollte mitkriegen, wie es ihnen ging." Das schreibt die systemische Therapeutin Ingrid Meyer-Legrand in ihrem Beitrag im Buch Nebelkinder.

Sie war eine der ersten Therapeutinnen, die sich mit Kriegsenkeln auseinandersetzte. Welche Ereignisse und welche Situationen werden ausgewählt, um besprochen zu werden? „Welche Bedürfnisse gilt es zu stillen? Eine objektive Wahrheit nach dem Motto: So war's wirklich, finden wir nicht." Jede und jeder trägt seine Familiengeschichte stets mit sich. Egal ob „Opfer"- oder „Täterfamilie". Umgegangen wird damit unterschiedlich. Menschen, deren Großeltern Teil des NS-Systems waren, deklarierten sich bisher oft nicht, meint die Soziologin Maria Pohn-Lauggas, während Nachkommen von Überlebenden diesen Teil der Geschichte immer mitdenken würden.

Die Auseinandersetzung mit der Vergangenheit ist enorm wichtig für die Gegenwart. Wie gehen wir heute mit Rassismus und Flucht um? Was setzen wir rechtsextremen Strömungen entgegen, die wieder hochschwappen? Der Journalist Matthias Lohre schreibt: „Sehr spät erkennen wir hierzulande: Die Kindheitserlebnisse der Kriegsgenerationen haben sich auf verschlungenen Wegen in ihren Nachkommen festgesetzt. Alte und Jüngere haben dadurch mehr gemein, als sie glauben. Das verdrängte Erbe belastet bis heute Millionen Menschen." In ihrem 2016 erschienen Buch „Der lange Schatten der Täter" hat die Publizistin Alexandra Senfft rund ein Dutzend Geschichten von Kriegsenkeln aufgeschrieben. Gegen Ende resümiert sie: „Jeder hat einen Anspruch auf die eigene Perspektive. Diese zu entwickeln, ist voller Hindernisse und geschieht nicht von heute auf morgen, sondern entsteht in einem langen und oft mühevollen Prozess." Und der Religionshistoriker Joachim Süss schreibt in seinem Beitrag im Buch „Nebelkinder": „Gerade in einer Zeit, in der die Geister einer fürchterlichen Vergangenheit wieder in der Erde der alten Schlachtfelder Europas zu rumoren beginnen, könnte sie [die Auseinandersetzung mit den Vorfahren, Anm.] bedeutsamer nicht sein."

(Gekürzter Artikel der Autorin, im Original erschienen in „WINA – Das jüdische Stadtmagazin", Oktober 2019)

Auch viele (autobiografische) **Romane** beschäftigen sich mit Familiengeschichten. Oft gibt es dort sogar Hinweise auf Vorgänge, die auch in der Ahnenforschung Verwendung finden. Etwa bei Erzählungen, die mit Krieg, Flucht und Exil zu tun haben, wo erlebte und erzählte Geschichte nicht übereinstimmen und die Protagonisten sich auf den Weg in die Vergangenheit machen.

Online-Plattformen, die sich mit dem Thema Ahnenforschung beschäftigen, stellen ihren Nutzern in aller Regel auch **Linksammlungen** zur Verfügung. Auf manchen Seiten müssen Sie sich registrieren, um Zugang zu bekommen. Manchmal ist es ein langer Weg, herauszufinden, was für Sie wirklich relevant ist. Mitunter werden diese Listen nicht sorgfältig gewartet. Dadurch werden Sie teilweise auf Fehler-Seiten geleitet oder die Seiten sind umgezogen (siehe Kapitel 1, ► Seite 37). Geben Sie den Begriff einfach in Ihre Suchmaschine ein, meistens finden Sie die Seite dann doch noch. Der Berufsgenealoge Felix Gundacker (siehe Kapitel 5, ► Seite 114) hat viele Datenbanken zusammengefasst und stellt diese auf der von ihm initiierten Internetseite **GenTeam** zur Verfügung. Sie finden nützliche Informationen und Tipps wie auch zahlreiche Links aus allen Bereichen der Ahnenforschung (https://www.genteam.at/index.php).

Eine Zusammenstellung von Links zur Ahnenforschung finden Sie auch auf der Homepage der **ÖFR**, der Österreichischen Gesellschaft für Familien- und regionalgeschichtlichen Forschung (https://oefr.at/links).

Hilfreiche Hinweise hält auch **Familia Austria**, die Österreichische Gesellschaft für Genealogie und Geschichte, unter der Überschrift „Forschung und Service" bereit (https://familia-austria.at/index.php/forschung-und-service).

Eine beeindruckende Linksammlung zum Thema NS-Forschung (Materialien zu Vermögensentzug, Rückstellung und Entschädigung in Österreich) findet sich auf der Seite **NS-Quellen** (http://www.ns-quellen.at/index.php).

Online-Plattformen

Sie bieten eine Fülle an Informationen, vernetzen Ahnenforscher weltweit und sorgen für so manche Überraschung. Vergessen Sie jedoch nie auf den Datenschutz!

Ein großer Teil der Ahnenforscher recherchiert fast ausschließlich im **Internet**. Einschlägige **Online-Plattformen** erleben derzeit einen regelrechten Boom. Wer bereits Daten seiner Verwandten gesammelt hat, kann sie auch auf diesen Plattformen einspeisen. Zahlreiche **Werkzeuge** machen außerdem die Darstellung der eigenen Forschung um einiges leichter. Tag für Tag kommen neue Datenbanken dazu, werden weitere Urkunden gescannt und der Öffentlichkeit zugänglich gemacht. Mit persönlichen Daten und **DNA-Proben** werden allerdings nicht nur Ahnenforscher bei ihrer Arbeit unterstützt, es gelangen – Stichwort **Datenschutz** – auch unzählige persönliche Informationen ins Netz.

Die großen Drei

Die Suche nach Vorfahren ist auf der ganzen Welt weit verbreitet, doch es waren vor allem die **Mormonen in den USA**, die dazu sozusagen den Anstoß gegeben haben. Diese Religionsgemeinschaft gibt es seit den 1830er-Jahren, sie bezieht sich neben der Bibel auch auf das Buch Mormon. Die größte mormonische Kirche mit 16 Millionen Mitgliedern ist die seit 1838 bestehende „Kirche Jesu Christi der Heiligen der Letzten Tage". In die Gemeinschaft der Mormonen kann man auch post mortem noch aufgenommen werden, daher das große Interesse an Ahnenforschung. Jüngere Gläubige suchen nach ihren verstorbenen Verwandten, damit diese rückwirkend getauft werden können. Die

Info. Tatsächlich aufbewahrt werden die Daten der Mormonen auf Mikrofilmrollen hinter tonnenschweren Stahltüren in einem riesigen, unterirdischen Bunker, dem „Granite Mountain Vault" im US-Bundesstaat Utah. Dort sollen sie bis zum Jüngsten Tag in Sicherheit sein.

Stammbaum (Pressefoto)

Mormonen stellen ihre Datensammlung, die mittlerweile rund 3,5 Milliarden Datensätze umfasst, der Öffentlichkeit auf der Plattform **FamilySearch** online zur Verfügung (https://www.familysearch.org/de).

Neben FamilySearch sind es vor allem noch zwei große professionelle Anbieter, die den Markt im Internet beherrschen,

Info. Stammbäume werden im sogenannten GEDCOM-Format gespeichert (engl. GEnealogical Data COMmunication). Das Format hat die Endung .ged, ist rein textbasiert und enthält die Daten der einzelnen Personen eines Familienstammbaumes sowie Informationen über ihre familiären Beziehungen.

nämlich **Ancestry** und **MyHeritage** (https://www.ancestry.de; https://www.myheritage.at)
Ancestry hat seinen Hauptsitz im US-amerikanischen Bundesstaat Utah, die deutsche Niederlassung befindet sich in München. MyHeritage arbeitet von Israel aus, weitere Büros gibt es in den USA sowie in der Ukraine.
Alle drei Portale bieten ihren Nutzern eine Vernetzung mit zahlreichen Datenbanken und eine adäquate Darstellungsform ihres Stammbaumes. Wenn Sie bereits einen Stammbaum angelegt haben (etwa bei Geni.com oder über eine Software), können Sie diesen auch zu anderen Plattformen mitnehmen.
Auf FamilySearch, Ancestry und MyHeritage müssen sich die Nutzer zunächst **registrieren**. Bei FamilySearch sind alle Dienste gratis, bei den anderen beiden Plattformen ist ein Anfangspaket kostenlos (z.B. Stammbäume bis zu einer bestimmten Anzahl von Personen), danach gibt es verschiedene

MyHeritage

Stammbaum-Ansicht am Laptop

kostenpflichtige Werkzeuge, Pakete, Features und den Zugang zu weiteren Datenbanken. Ein Jahresabo kostet – je nachdem – um die 100 Euro pro Jahr; für Neukunden gibt es meist Rabatte, z.B. für das erste Halbjahr. Wer allerdings alle Features nutzen möchte, muss tiefer in die Tasche greifen: Bei MyHeritage kostet das Gesamtpaket 289 Euro pro Jahr (Stand Jänner 2020).
Über 100 Millionen Nutzer haben allein auf MyHeritage bereits 49 Millionen Stammbäume (Stand Jänner 2020) erstellt, 10 Milliarden historische Aufzeichnungen sind online abrufbar. Ancestry wirbt mit rund 500 Millionen deutschsprachigen Dokumenten, die online durchsuchbar und im Original einzusehen sind. FamilySearch ist mit den anderen Portalen vernetzt und bietet damit den größten Datenpool.
Sobald Namen und Daten eingegeben werden, vergleicht das System diese mit anderen Stammbäumen. Man erhält recht früh sogenannte **Matches**, also Übereinstimmungen und Überschneidungen. Dabei gibt es wiederum verschiedene Kategorien. Bei MyHeritage bedeutet etwa ein smart match eine Übereinstimmung mit einem anderen Stammbaum, ein record match findet Übereinstimmungen in historischen Dokumenten. Es ist ein äußerst spannender Moment, wenn Ahnenforscher entdecken, dass andere Menschen aus völlig anderen Familien, Staaten oder sogar Kontinenten ebenfalls bereits nach genau denselben Personen gesucht haben. Daten können abgeglichen und entfernte Familienzweige weiter beforscht werden. Oft ergeben sich aus diesen Übereinstimmungen spannende neue Kontakte. Die Reise geht oft viele Jahrhunderte in die Vergangenheit.
Neben diesen drei großen Dienstleistern gibt es noch weitere ähnliche Plattformen, die Sie leicht im Internet unter dem Stichwort „Online-Ahnenforschung" finden können. Zur Ancestry-Familie gehört etwa auch die Plattform **Jewishgen**, speziell für Jüdinnen und Juden, wo relevante Datenbanken zusammengefasst sind. Mehr zur jüdischen Genealogie siehe Kapitel 2, ► Seite 64 (https://www.jewishgen.org/new).

Datenschutz

Wer seine Daten einem genealogischen Portal zur Verfügung stellt, erkennt damit die **Datenschutz- und Nutzungsbedingungen** an. Doch geht es tatsächlich nur um so hehre Ziele wie Vernetzung und Unterstützung bei der eigenen Recherche? Wie halten es Ahnenforscher mit dem eigenen Datenschutz? Schließlich werden Namen, Geburts- und Sterbedaten und auch Berufe bzw. Wohnorte auf den Plattformen veröffentlicht; in vielen Fällen werden auch Fotografien hinzugefügt. Datenschützer bemängeln, dass User sensible persönliche Informationen von sich selbst, aber auch von anderen Familienmitgliedern zu leichtfertig zur Verfügung stellen würden.
Immer wieder werden Stimmen laut, die kritisieren, so manche Firma würde die personenbezogenen Daten – die sie ja kostengünstig bekommt – um gutes Geld an andere Unternehmen weitergeben. Marketing und Werbung funktionieren heute nach speziellen Logarithmen; je personengenauer, desto besser. Die Bestimmungen zu **Nutzung** und **Datenschutz** sind auf den Online-Plattformen im Vergleich zu anderen Seiten besonders ausführlich. Man will sich in alle Richtungen absichern. Mancher Absatz klingt jedoch, als würde man seine Seele dem Teufel verkaufen:

„Wir können Ihre personenbezogenen Daten mit automatischen oder nicht automatischen Mitteln verarbeiten. Dazu gehören Erfassung, Aufzeichnung, Sortierung, Strukturierung, Speicherung, Anpassung oder Abänderung, Abfrage oder Wiedergewinnung, Abruf, Nutzung, Offenlegung durch Übertragung, Verbreitung oder anderweitiges Verfügbarmachen, Abgleich oder Zusammenlegung, Beschränkung, Löschung oder Vernichtung Ihrer personenbezogenen Daten."

(Aus den Nutzungsbestimmungen von MyHeritage)

Tipp. Achten Sie darauf, nur Daten von bereits verstorbenen Personen einzugeben, oder klären Sie mit Ihren Verwandten ab, welche Daten veröffentlicht werden dürfen. Überlegen Sie bei jedem Detail, das Sie einfügen, ob diese Information anderen Menschen tatsächlich nützt oder vielleicht doch schadet.

Die Versuchung, selbst in diesen riesigen Datenpool einzutauchen, ist groß. Die Lust an der Suche nach Verwandten überwiegt oft den Sicherheitsgedanken. Denn wer seine Daten veröffentlicht, erhält nicht nur interessante Informationen die eigene Verwandtschaft betreffend, man kann auch leichter von anderen Ahnenforschern in aller Welt gefunden werden. Nehmen Sie sich trotzdem Zeit und lesen Sie die Bestimmungen aufmerksam.

DNA-Genealogie

Der neueste Trend in der Ahnenforschung ist die **DNA-Analyse**. Dabei wird Ihre DNA mit der anderer Personen verglichen und anhand der Ergebnisse wird auf Ihre Herkunft geschlossen. Mit einem Wattestäbchen wird etwas Speichel aufgenommen, das Stäbchen in ein Röhrchen gesteckt, das Röhrchen mit der Post an die jeweilige Stelle geschickt. Nach einigen Wochen bekommen Sie das Ergebnis oder können es online einsehen. Die Kosten für ein Startpaket bei den hier vorgestellten Online-Plattformen liegen zwischen 50 und 100 Euro (Stand Jänner 2020). Differenziertere DNA-Tests können aber auch bis zu 1.000 Euro kosten.

Allein auf der Plattform MyHeritage finden sich neben den Milliarden verfügbaren Daten aus Stammbäumen bereits dreieinhalb Millionen DNA-Tests. Doch wie kommt das Ergebnis zustande? In einer E-Mail-Anfrage erklärt Silvia da Silva von MyHeritage in Deutschland:

„Mit dem MyHeritage-DNA-Test erhält man zum einen eine Ethnizitätsschätzung, das ist eine prozentuale Aufschlüsselung der Herkunftsländer der Vorfahren, und zum anderen DNA-Matches, das sind Übereinstimmungen mit anderen Nutzern, die auch einen Test gemacht haben. Unsere Ethnizitätsschätzungen sind sehr treffsicher, denn sie basieren auf unseren Gründerpopulationen. Das sind Menschen, die seit vielen Generationen am selben Ort leben und aufgrund ihrer Herkunft als genetisch repräsentativ für ihre geografische Region ausgewählt wurden. Die Daten dieser Gründerpopulationen wurden gesammelt, Modelle verschiedener ethnischer Gruppen wurden erstellt, die DNA eines Nutzers wird dann mit diesen Modellen verglichen. Schlussendlich erhält man den Prozentsatz pro Ethnizität."

Das klingt einigermaßen kompliziert und ist es wohl auch. Die Online-Plattform Ancestry wirbt außerdem mit zusätzlichen Informationen, die Sie durch die DNA-Analyse bekommen. So werden der errechneten Volkszugehörigkeit historische Ereignisse gegenübergestellt, die z.B. Wanderbewegungen in den vergangenen Jahrhunderten veranschaulichen. Weltweit werden auf diese Art Milliarden Daten gesammelt. Das wirft erneut die Frage auf, wie es die Ahnenforschungs-Portale in Sachen DNA mit dem Datenschutz halten.

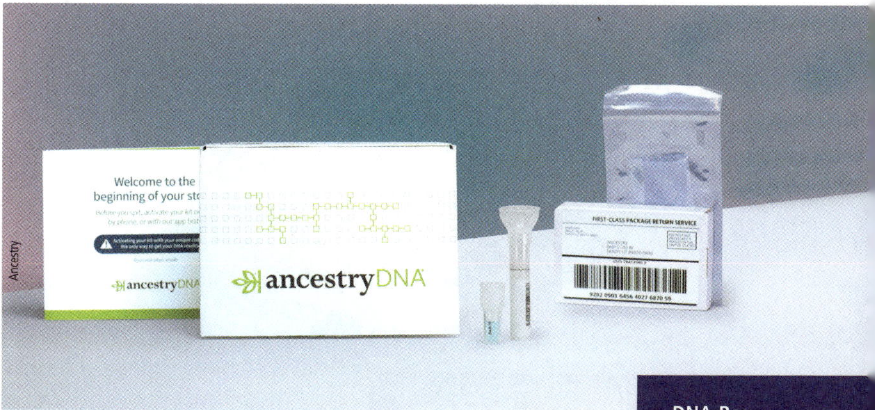

Ancestry

DNA-Box

„Ich mache derzeit aus Datenschutzgründen noch keinen DNA-Test, weil ich einfach nicht weiß, wo dann diese DNA landet, was tatsächlich mit ihr passiert. Es beschäftigt mich, das gebe ich zu, aber ich habe bisher noch keinen inneren Ruck verspürt, meine Datenschutzbedenken abzulegen."

Stefan K., Hobby-Ahnenforscher

Wie viele Daten man preisgeben möchte, ist eine sehr persönliche Entscheidung. Alle Online-Anbieter bemühen sich jedenfalls, darauf hinzuweisen, dass die Nutzer immer die Eigentümer ihrer Daten und ihrer DNA-Proben bleiben. Dennoch stimmen die Nutzer einer weitreichenden Verwertung ihrer DNA-Ergeb-

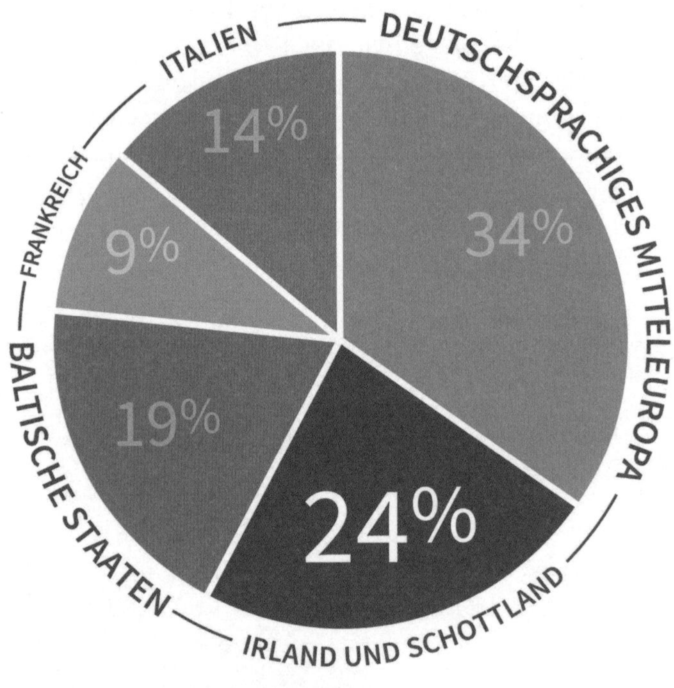

Ancestry

Schematische Darstellung der Herkunft

nisse zu. Die Datenschutzbestimmungen sind ausführlich und in den meisten Fällen sehr kompliziert formuliert. So heißt es etwa in den Datenschutzbestimmungen von MyHeritage:

„Indem Sie DNA-Proben an uns und/oder DNA-Ergebnisse an die Website senden, gewähren Sie uns eine gebührenfreie, weltweite Lizenz zur Verwendung Ihrer DNA-Proben, der DNA-Ergebnisse und der daraus resultierenden DNA-Berichte, um uns die Bereitstellung des Services zu ermöglichen. Dies gilt auch für alle DNA-Proben und/oder DNA Ergebnisse, die Sie für andere Personen, von denen Sie eine rechtliche Genehmigung erhalten haben, verwalten. Die Lizenz, die Sie uns gewähren, ist nicht unbegrenzt und jederzeit widerruflich, da Sie Ihre DNA-Ergebnisse und DNA-Berichte dauerhaft von der Website löschen und Ihre DNA-Proben vernichten können."

Viele Formulierungen bleiben dennoch recht schwammig.

„Wenn Sie sich freiwillig mit der DNA Einwilligungserklärung („die Einwilligungserklärung") einverstanden erklärt haben, können wir die Umfrage Forschungsinformationen, die Health-Stammbaum Informationen, DNA-Ergebnisse, DNA-Berichte und andere DNA-Informationen für Forschungszwecke, wie in der Einwilligungserklärung angegeben, verwenden."

(Aus den Datenschutzbestimmungen von MyHeritage)

Auch auf dem Portal von FamilySearch lohnt es sich, die Bestimmungen genau durchzulesen.

„Wenn Sie außerhalb der Vereinigten Staaten ansässig sind, erklären Sie sich einverstanden, dass von Ihnen gemachte Angaben zur Person in den Vereinigten Staaten von Amerika verarbeitet werden. Sie erklären sich ferner damit einverstanden, allen einschlägigen Gesetzen Folge zu leisten, mit denen der

Achtung! Es gelten immer die Gesetze des Landes, in dem das Online-Portal seinen Sitz hat. Datenschutzverordnungen, die in Europa gelten, können dort also ungültig sein.

Transfer persönlicher Daten zwischen den Vereinigten Staaten von Amerika und dem Land, in dem Sie ansässig sind, geregelt wird."

(Aus den Datenschutzbestimmungen von FamilySearch)

Bei Ancestry wird in einem Video erklärt, welche Daten wie weiterverwendet werden. Dort heißt es etwa: „Wir verpflichten uns, Ihre Daten anhand der branchenweit eingesetzten Sicherheitsmaßnahmen zu schützen." Oder auch: „Wir geben Ihre personenbezogenen Daten an keinen Dritten weiter, außer soweit gesetzlich erforderlich oder mit Ihrer ausdrücklichen Zustimmung." Das Video ist gut gemacht, vermittelt Klarheit und gibt den Nutzern das Gefühl, das letzte Wort in Sachen Datenschutz zu haben, auch wenn es wohl allerlei Schlupflöcher gibt. In Deutschland jedenfalls erhielt das Portal Ancestry im Jahr 2019 den Negativpreis „BigBrotherAward" in der Kategorie Biotechnik; mit der Begründung, es verleite Menschen dazu, Speichelproben einzusenden.

Wer sich schließlich für einen DNA-Test entscheidet, wird nach einigen Wochen (im Schnitt sind es sechs bis acht) ein Ergebnis präsentiert bekommen. Was Ahnenforscher damit anfangen, ist recht unterschiedlich. Manche stehen mit den Ergebnissen eher ratlos da. Was bedeutet es denn tatsächlich, wenn man weiß, man sei zu einigen Prozent Westeuropäer, aschkenasischer Jude oder Nordafrikaner? Andere wiederum freuen sich darüber, dass ein kleiner Prozentsatz ihrer Gene zum Beispiel auf die (Ur-)Großeltern verweist oder dass die Daten

„In einem meiner Familienzweige ist quasi ein halbes Dorf unter Maria Theresia ins ukrainisch-rumänische Grenzgebiet ausgewandert, weil ihnen versprochen wurde, sie bekommen Land und es ist dort wunderschön. In Wirklichkeit muss das ziemlich furchtbar gewesen sein. Die ganze Truppe ist noch in derselben Generation nach Brasilien ausgewandert. Und da kommt die DNA-Genealogie ins Spiel, wenn man sich plötzlich wundert: Warum habe ich so viele brasilianische Verwandte?"

Michael E., Hobby-Ahnenforscher

eine Antwort auf ein bisher ungeklärtes Detail in der Familienchronik bereithalten.

Experten sind sich uneins, ob Gentests für die Ahnenforschung generell sinnvoll sind. Auf der einen Seite kommt Kritik von Wissenschaftlern, die meinen, man könne aufgrund der DNA nicht feststellen, woher eine Person stammt. – Es handle sich um rein statistische Prozentangaben, erklärte etwa ein Professor des Max-Planck-Instituts in Leipzig in einem Zeitungsartikel. Auf der anderen Seite gibt es Befürworter, die meinen, die DNA-Ahnenforschung sei unbestritten; auch wenn man nicht exakt sagen könne, eine Person sei zum Beispiel „deutsch" oder „französisch". Beim Ergebnis stehe dann eben „Mitteleuropa".

Wer wir wirklich sind und woher wir kommen, lässt sich wohl allein mit einem DNA-Test nicht klären. Die viel wichtigeren

„Die Seltsamkeiten meiner DNA-Herkunftsanalysen sind um eine Facette reicher: Living DNA [ein weiterer Anbieter für DNA-Analysen, Anm.] behauptet, dass ich zu 4,5 Prozent Schotte und zu 7,8 Prozent Zypriote bin. Ich habe die Herkunftsanalysen von sechs verschiedenen DNA-Dienstleistern zusammengetragen. Sie sind sich immerhin darin weitgehend einig, dass ich Europäer bin. Ansonsten nehme ich mir das, was mir gefällt: Schotte ist schon mal ein guter Anfang."

Michael E., Hobby-Ahnenforscher

Faktoren sind, wo und wie wir aufgewachsen sind, welche Bildung wir erhalten und was wir erlebt haben. Die DNA-Analyse ist nur ein – wenn auch spannender – kleiner Teil der Ahnenforschung. Es gilt, die Vor- und Nachteile sorgfältig abzuwägen, bevor man sich für einen DNA-Test entscheidet.

Gemeinsam statt einsam

Wer sich mit anderen Ahnenforschern vernetzt, kann davon immens profitieren. In Foren wird diskutiert, an Stammtischen geplaudert. Erzählen Sie der Welt von Ihren Erkenntnissen!

Die Ahnenforschung kann äußerst erfüllend sein. Doch der Weg dorthin ist ein steiniger. Die Recherche in staatlichen und kirchlichen Datenbanken sowie in privaten Nachlässen und Archiven verlangt den Forschern einiges ab. Allzu leicht kommt man vom Weg ab, allzu groß ist die Gefahr, vom Hundertsten ins Tausendste zu geraten und das Ziel aus den Augen zu verlieren. Je älter die Dokumente sind, desto schwieriger ist die Zuordnung und Aufarbeitung. Kurrentschrift, Latein und zahlreiche Fremdwörter gestalten eine detaillierte Erforschung oft mühsam, sorgen manchmal sogar für einen Abbruch der Suche. Auch die schiere Datenmenge stellt für Ahnenforscher eine Herausforderung dar, die allein kaum zu bewältigen ist. Die Zahl der Verwandten wächst in jeder Generation immens. Wer zum Beispiel bis in die 16. Generation zurück forscht, kommt schnell auf eine Summe von über 15.000 Menschen – das ist schon eine kleinere Stadt.

Dagegen kann eines helfen: **Vernetzung**. Suchen Sie nach Gleichgesinnten, machen Sie Ihre Forschungsergebnisse öffentlich, lassen Sie sich helfen. Es gibt unzählige Möglichkeiten, mit anderen Ahnenforschern in Kontakt zu treten – persönlich oder virtuell. Die Ahnenforschung ist zu einem beliebten Hobby geworden, das Menschen jeden Alters betreiben. Wer sich mit anderen Ahnenforschern trifft, kann enorm profitieren. Da wird über Details geredet, man diskutiert über schwierige Sachverhalte, löst Rätsel, fachsimpelt oder plaudert einfach über die jeweiligen Fortschritte.

Vernetzung mit anderen Forschern

Besuchen Sie **Veranstaltungen** zu genealogischen Themen. Hier haben Sie die Möglichkeit, Experten zuzuhören, Fragen zu stellen und wieder einmal etwas dazuzulernen. Außerdem treffen Sie hier auf andere Menschen, die sich für das Thema interessieren. Die Themenpalette ist breit. Sie reicht von praktischen Tipps zur DNA-Genealogie bis zu wissenschaftlichen Vorträgen zu historisch interessanten Fragestellungen, etwa zum Sehnsuchtsort Triest oder zum Dreißigjährigen Krieg im Raum Niederösterreich (https://oefr.at/events; http://wiki-de.genealogy.net/Portal:Genealogische_Veranstaltungen).

Wer den persönlichen Kontakt zu anderen Ahnenforschern sucht, kann einem der vielen **Vereine** beitreten. Wenn Sie Mitglied bei der Österreichischen Gesellschaft für Familien- und regionalgeschichtliche Forschung (ÖFR) sind (Jahresmitgliedsbeitrag 24 Euro, Stand 2/2020), haben Sie nicht nur Zugang zu zahlreichen zusätzlichen Informationen, Sie bekommen auch einmal im Jahr ein Jahrbuch zugeschickt. Es enthält eine bunte und informative Mischung aus Artikeln zur Ahnenforschung in der Praxis, aber auch Berichte über Forschungsergebnisse und einige familiengeschichtliche Beiträge (https://oefr.at/mitgliedschaft).

Bei regelmäßig veranstalteten **Stammtischen** ist ein Kennenlernen möglich. In lockerer Atmosphäre lässt es sich trefflich über die eigenen und über anderer Leute Forschungsansätze und -ergebnisse sprechen. Die meisten regionalen Gruppen bieten immer wieder solche Vernetzungstermine an. Die ÖFR bietet Stammtische in Wien, Mistelbach, Krems und Stockerau an (Infos im Veranstaltungs-Link oben), Familia Austria lädt monatlich zu „Forschertreffen" (https://www.familia-austria.at/index.php/termine).

Tragen Sie sich in sogenannte **Mailinglisten** ein. Hier können Sie entweder bei den anderen Mitgliedern und deren Anliegen, Problemen oder Tipps mitlesen oder selbst aktiv werden und dieses oder jenes Thema ansprechen.

Die ÖFR stellt registrierten Nutzern einen zweisprachigen Mailingdienst (Deutsch, Englisch) zur Verfügung. Hier können Anfragen zum geografischen Raum der ehemaligen Österreichisch-Ungarischen Monarchie und zu den angrenzenden Gebieten gestellt werden. Ihre Anfrage wird dann an alle Mitglieder der Mailingliste weitergeschickt. Im besten Fall bekommen Sie zahl-

> „Das meiste habe ich gelernt, weil ich in Mailinglisten mitgelesen habe – die Fragen von anderen, die irgendwer beantwortet hat. Das habe ich mir herausgeschrieben oder ausgedruckt, so geht's dann dahin."
>
> Leopold Strenn, Präsident ÖFR

reiche Antworten mit hilfreichen Tipps. Es gilt jedoch, einige Regeln einzuhalten: Tagespolitische Beiträge oder Werbung sind nicht erlaubt. Bleiben Sie stets höflich und vor allem konkret in Ihrer Wortwahl (https://www.genlist.at).

Sie haben außerdem die Möglichkeit, einen wöchentlichen oder monatlichen **Newsletter** oder **Rundbrief** zu abonnieren – eine gute Möglichkeit, um auf dem Laufenden zu bleiben oder neue Aspekte der Forschung kennenzulernen. Wenden Sie sich einfach an die unter „Kontakt" angegebene Adresse der von Ihnen bevorzugten Ahnenforscher-Plattform.

Ähnlich wie Stammtische funktionieren auch **Internet-Foren**. Sie sind praktisch digitale Treffpunkte. Der Austausch geschieht hier nach Themen geordnet. Nehmen Sie sich Zeit, um das Angebot zu überblicken, und halten Sie sich an die Regeln. Als

„Es ist eine klasse Hilfe, wenn man sich nicht auskennt, wenn man noch keinen Kurs besucht hat. Da kann man einfach eine Frage – und sei es: ‚Ich kenne mich da nicht aus!' – in die entsprechende Gruppe schreiben und bekommt Tipps."

Leopold Strenn, Präsident ÖFR

Gastnutzer können Sie die Beiträge lesen. Um zu kommentieren oder selbst Diskussionen zu beginnen, müssen Sie sich registrieren (https://forum.ahnenforschung.net; https://forum.genealogy.net). (Hier haben registrierte Nutzer außerdem Zugang zum „Ahnen-Chat", der besonders abends gut besucht ist.) In den **Sozialen Medien** – vor allem auf **Facebook** – gibt es unzählige Gruppen, die sich mit Ahnenforschung beschäftigen. Regionale Gruppen, fachspezifische Gruppen, länderübergreifende Gruppen. Manche dieser Gruppen sind geschlossen. Sie müssen daher eine Anfrage stellen, um aufgenommen zu werden. Dabeisein lohnt sich auf jeden Fall, denn tagtäglich werden interessante Beiträge geteilt, die dann kommentiert werden können. Geben Sie im Suchfeld passende Begriffe ein, um auf die entsprechenden Seiten zu kommen, und freuen Sie sich auf neue Ahnenforschungs-Erlebnisse!

Empfohlene Facebookseiten und -gruppen: „Ahnenforschung", „Portal Ahnenforschung Österreich – Genealogie", „Ahnenforschung Austria", „AiOeU – Ahnenforschung in Oesterreich-Ungarn". Außerdem gibt es für alle Bundesländer eigene Seiten – suchen Sie unter „Ahnenforschung Bundesland".

Daten öffentlich machen

Vielen Ahnenforschern ist aber auch der Kontakt mit Gleichgesinnten irgendwann zu wenig. Sie wollen der Familie endlich die geklärten Familiengeheimnisse erzählen, sie wollen ihre Recherchen auch anderen Historikern oder anderen Wissenschaftlern zugänglich machen, sie wollen ihre eigenen **Erkenntnisse öffentlich machen**. Monatelang wurde nach Details gesucht, Kurioses entdeckt und so manche Leerstelle gefüllt. Es wäre doch schade, wenn all diese Informationen nun in einer Schublade liegen blieben. Neben der Präsentation der eigenen Forschung macht es eine Veröffentlichung auch anderen Verwandten leichter, sie zu finden.

Wer seine Familiengeschichte jedoch der Allgemeinheit vorstellt, muss sich zuvor überlegen, was tatsächlich preisgegeben werden soll bzw. kann. Was ist von allgemeinem Interesse, was ist zu persönlich oder gar intim? Sprechen Sie sich zunächst mit Ihrer Verwandtschaft ab, ob eine Veröffentlichung auch in deren Sinne ist. Sollte jemand partout dagegen sein, müssen Sie sich überlegen, welche Möglichkeiten Sie nun haben: Den Namen anonymisieren? Die Person ganz rauslassen? Das ganze Projekt abblasen? Manchmal braucht es viel diplomatisches Geschick, um ablehnende Verwandte vom Nutzen einer Publikation zu überzeugen.

Eine schöne Idee des gemeinsamen Veröffentlichens von lokalhistorisch relevanten Daten ist die **Topothek**. Auf dieser Plattform können Privatpersonen Fotos und Dokumente hochladen, die für ihren (Wohn-)Ort wichtig oder interessant sind. So entsteht ein faszinierendes Alltags-Panorama, ein virtuelles „regionalhistorisches Nachschlagewerk". Topotheken gibt es auch in anderen europäischen Ländern: Deutschland, Estland, Finnland, Kroatien, Italien (https://www.topothek.at/de).

Wer seine Forschungsergebnisse in seinem **Nachlass** (oder auch bereits als **Vorlass**) einem (Heimat-, Bezirks-)Museum oder Archiv übergeben will, sollte das schriftlich festlegen. So ist gewährleistet, dass Ihre Familienforschung der öffentlichen Benutzung zugeführt wird und nicht, so wie in vielen Fällen, im privaten Besitz der Erben verloren geht. Je geordneter die Familienchronik übergeben wird, desto besser für die Archive, denn Nachlässe, die aus einem Durcheinander aus handschriftlichen Aufzeichnungen, Karteikarten, Briefen und Fotos bestehen, werden oft ohne groß bearbeitet zu werden ins Regal gestellt. Eine genaue Verstichwortung wäre jedoch die Voraussetzung für eine weitere Beschäftigung mit dem Material. Je mehr Zusammenhänge ersichtlich sind, je mehr aus jeder Chronik herausgelesen werden kann, desto mehr Wert hat eine Familiengeschichte (und da macht es keinen Unterschied, ob es um eine berühmten Komponisten oder um einen weitgehend unbekannten Bauern geht) für nachfolgende Forschungen und desto besser fügt sie sich in das kollektive Gedächtnis ein.

Wer es kompakt mag, für den ist eine gedruckte und gebundene **Familienchronik** natürlich eine besonders schöne Möglichkeit, die eigene Arbeit zu präsentieren und zu erhalten. Stammbaum (egal ob in Form einer Tabelle, einer Liste oder tatsächlich als Baum gestaltet), Fotografien und Familienanekdoten können hier auf ansprechende Weise zusammengestellt werden, der Fantasie sind keine Grenzen gesetzt. Gerade für ältere Familienangehörige, die das Internet kaum oder ungern nutzen, ist ein Buch ideal. Aber auch nachfolgende Generationen werden es den Ahnenforschern danken, haben sie doch damit – zumindest für einen bestimmten Zeitabschnitt – einen schönen Überblick über die Geschehnisse innerhalb der Familie in Händen, an dem sie in späterer Folge und mit neuen Erkenntnissen weiterarbeiten können. Auch Fragen des Datenschutzes sind bei einer solchen Publikation weniger relevant, sofern das Buch nicht den familiären Raum verlässt. Geht die Familienchronik über einen Nachlass in ein Museum oder ein Archiv über, sind zuvor natürlich Persönlichkeitsrechte abzuklären.

Im Netz gibt es verschiedene Formen der Präsentation. Eine eigene **Homepage** ist heutzutage sehr simpel zu erstellen. Es gibt zahlreiche Vorlagen (wordpress, Jimdo), die Grundfunktionen wie Text- und Bildtools bieten. Hier kann zum Beispiel

Michael Eisenriegler

über den Fortgang der Recherche berichtet werden. Manche Ahnenforscher, wie Michael Eisenriegler, gehen mit ihren Erkenntnissen recht offensiv um. Sie veröffentlichen Zwischenergebnisse genauso wie kritische Stellungnahmen oder Erfolgsgeschichten (http://michael.eisenriegler.at/genealogie).

Auch ein **Blog** (Weblog) eignet sich gut für die Darstellung noch laufender Forschungen. Bilder und Texte werden wie in einer Art Tagebuch gesammelt. Auch eine Kommentarfunktion kann freigeschaltet werden, wodurch ab und zu eine lebhafte Diskussion über bestimmte Themen entsteht oder neue Impulse zur Lösung von noch bestehenden Rätseln führen können. Auch hierfür gibt es im Internet Vorlagen (Blogger, wordpress). Ein Beispiel für einen Blog finden Sie unter https://schatzkiste.blog.

Freilich kann auch in den **Sozialen Medien** wie Facebook oder Instagram über die eigene Ahnenforschung informiert werden. Hier gilt es aber ganz besonders, die Gruppenadministration ernst zu nehmen – nur allzu schnell verbreiten sich Informationen im Netz und ungeschützte Daten werden missbraucht. Auf **Facebook** können Sie zum Beispiel eine private Seite gestalten, die nur von Familienmitgliedern besucht werden kann. So entwickelt sich – auch wenn die Familienmitglieder in aller Welt verstreut leben – vielleicht ganz nebenbei ein reger (virtueller) Austausch von Familiengeschichten.

Bei allen Veröffentlichungsvarianten, bei denen Details der Familiengeschichte wie Geburtsdaten, Wohnorte oder Fotografien online präsentiert werden, sollte besonders auf den **Datenschutz** geachtet werden. Sensible Informationen lebender Verwandter sollten hier nicht preisgegeben werden.

Ahnenforschung für Fortgeschrittene

Es gibt so viel zu erforschen. Und wer tiefer gräbt, wird mit spannenden Details belohnt. Berufsgenealogen helfen Ihnen bei kniffligen Fragen.

Sie haben nun also ziemlich viele Lebensdaten gesammelt. Sie wissen, wo Ihre Verwandten gelebt haben und welche Berufe sie hatten. Sie haben dutzende Gesichter auf Fotos identifiziert und etliche Familienrätsel gelöst. Dann gehören Sie auf jeden Fall bereits zu den fortgeschrittenen Ahnenforschern. Hier muss aber noch lange nicht Schluss sein: Es gibt noch viele zusätzliche Datenbanken und Quellen, die Ihre Forschung kompletter, bunter und spannender machen können. Die Arbeit mit den folgenden Archiven kann mitunter sehr mühsam und zeitintensiv sein. Nicht immer werden Sie ein befriedigendes Ergebnis erhalten, in vielen Fällen werden sie abschweifen und sich in Gegenden verlieren, in die Sie gar nicht reisen wollten. Die Beschäftigung wird aber Ihr Geschichtswissen erweitern und Ihre Sicht auf die Welt verändern. Falls Sie sich nicht selbst mit derart aufwendigen Studien befassen wollen, können Sie für knifflige Fragen auch auf Berufsgenealogen (siehe Kapitel 5, ► Seite 112) zurückgreifen oder sich Hilfe in Chats, Foren oder bei Stammtischen holen (siehe Kapitel 4, ► Seite 89).

Namenforschung

Ein weites Feld und wichtiges Kapitel in Sachen Ahnenforschung ist die **Namenkunde** (wissenschaftlich: **Onomastik**). Denn unseren Namen tragen wir ja nicht von ungefähr. Er verweist ganz stark auf unsere Ahnen oder gibt Hinweise auf Beruf oder Wohnort. Hatten vor einigen Jahrhunderten noch weitgehend alle Familienmitglieder denselben **Nachnamen**, so hat sich das in den letzten Jahrzehnten eklatant geändert. (Ehe-)Partner behalten ihre jeweiligen Namen, unehelich geborene Kinder bekommen entweder den Namen der Mutter oder den des Vaters, durch Trennungen/Scheidungen kann sich der Name wieder ändern. In manchen Familien haben alle Mitglieder einen anderen Familiennamen – das wird die Ahnenforschung für zukünftige Generationen nicht gerade leichter machen. Aber auch in der historischen Namensforschung gibt es jede Menge Stolpersteine: etwa bei Frauen, die durch Heirat den Namen des Mannes annahmen, aber auch bei der Schreibweise der Namen. Mair wird zu Meyer, Ilič wird zu Illich, Berger zu Perger und so weiter, und so fort. Hier sind detektivisches Fingerspitzengefühl und viel Fantasie gefragt.

Weiterführende Recherchen führen Namensforscher auch in die Welt der **Namensbedeutung**. Ob Herr Müller tatsächlich von Müllersleuten abstammt? Woher kommt eigentlich der Name Jürgens? (Kurz nachrecherchiert, hier ist die Antwort: Es handelt sich um den patronymischen – also vom Namen des Vaters abgeleiteten – Genitiv des Rufnamens Jürgen. Der Name ist vor

allem in Norddeutschland verbreitet. Verwandte Namen sind Jürgensen oder Jörgens.) Auch solche Informationen sind für Ahnenforscher von großem Wert (http://www.namenforschung.net/dfd/woerterbuch/liste; https://namenskarten.lima-city.at/de; http://hw.oeaw.ac.at/famos, auf dieser Seite werden in Österreich gebräuchliche Nachnamen erforscht, die Liste wird laufend erweitert).

Vornamen können auch mithilfe einer **Patenanalyse** verifiziert werden. Denn in früheren Zeiten war es oft üblich, dem Kind den Namen der Paten zu geben. Diese Angaben finden sich manchmal auf Geburtsurkunden und in den historischen Matriken. Sie helfen Ahnenforschern dabei, Familienbeziehungen zu ergründen oder sich näher mit der Herkunft diverser Verwandter zu beschäftigen.

Kurios sind auch die sogenannten **Haus- und Hofnamen** oder auch **Vulgonamen**, die oft stärker gebräuchlich waren (und sind) als die Familiennamen. In früheren Zeiten – als es noch nicht für alle Wege oder Gassen entsprechende Namen gab – waren sie so etwas wie die Adresse eines Bauernhofes oder Landgutes und wurden über viele Generationen weitergegeben. Doch auch durch Einheiraten ergaben sich Namenswechsel, hier ein Beispiel: Der Bauer Huber hatte nur eine Tochter, diese heiratete Anton Müller, der wiederum den Hausnamen annahm und fortan Anton Huber hieß; umgangssprachlich war er der „Huberbauer".

Es gibt im Netz mittlerweile zahlreiche Seiten, die sich mit Haus- und Hofnamen verschiedener Regionen beschäftigen. Auf der Seite der Österreichischen Gesellschaft für Genealogie und

Tipp. Achten Sie auch hier in der Recherche auf die Schreibweise. So ist etwa der Hof der Familie Brandstetter in Oberösterreich auch unter den Namen Prandstöttnergut, Brandstöttergut und eben Brandstettergut in diversen Karten verzeichnet.

Geschichte, Familia Austria, sind einige zusammengefasst (https://www.familia-austria.at/index.php/forschung-und-service/netzrecherche/132-beitraege/757-haus-und-hofnamen). Ahnenforschung ist stark mit **Heimatgeschichte** und **Heimatkunde** verwoben. Bauernfamilien prägten ganze Täler, historisches Erbe findet sich oft in kleinsten Regionalmuseen, Stadtarchivare sorgen für ein lebendiges Geschichtsbild. Details wie Berufe, aber auch Kaufpreise von Grundstücken oder landwirtschaftlichen Gütern helfen beim Verständnis genauso wie das Wissen um landwirtschaftliche Begriffe. Chroniken oder Zeitungsbeilagen sind wertvolle Quellen. Heimatgeschichte muss nicht abstrakt, verstaubt und traditionsüberladen sein, sie kann – wenn sie mit persönlichen Zugängen bereichert wird – überaus spannend sein. Unklare Zusammenhänge werden vielleicht erst durch familiäre Details geklärt. Folgend ein paar Beispiele für heimatgeschichtliche Vereine [http://vemog.at (Verein zur Erforschung der Mostviertler Geschichte); https://www.heimatgeschichte.at (Rainbach im Mühlkreis); http://www.tirolergeschichtsverein.org].

Korrespondenz

In manchen Nachlässen findet sich Korrespondenz, mal weniger, mal mehr. **Briefe** oder **Postkarten** können viel über die beforschte Person aussagen. Schrift- und Papierart, Anrede, Datum oder Ortsangaben sind wichtige Hinweise. Postkarten lassen sich aufgrund der Motive oder der Briefmarken und Poststempel datieren und einordnen. Das Problem bei jeder Art von Korrespondenz ist jedoch, dass in den meisten Fällen die Antwortbriefe fehlen. Details lassen sich aber auch aus diesen Schreiben – oft zwischen den Zeilen – herauslesen. Sie bekommen ein Bild der Person, die diese Briefe erhalten hat; es handelt sich aber um eine Reihe von Zuschreibungen Außenstehender.

Im Stammbaum der Autorin tauchte beim Urururgroßvater, der aus dem norddeutschen Raum stammte, als Berufsbezeichnung „Heuermann" auf. Doch dieser Begriff führt in die Irre. Der Heuermann verbrachte sein Leben nicht auf See, sondern auf einem Bauernhof. Heuerlinge waren so etwas wie ländliche Mieter – keine richtigen Bauern, aber auch keine Knechte oder Tagelöhner. Sie bewirtschafteten einen gepachteten Grund für den Eigenbedarf, mussten dem Bauern aber bei verschiedenen Arbeiten zur Hand gehen. Schade, keine Seeleute oder gar Piraten in der Familie ...

Berufe

Interessant und in vielen Fällen erhellend ist es auch, die **Berufe** der Ahnen zu ergründen. Wer weiß, womit die Vorfahren ihren Lebensunterhalt verdienten, sieht die Familiengeschichte gleich mit anderen Augen [https://www.geschichtewiki.wien.gv.at/Berufsbezeichnung; https://www.familia-austria.at/index.php/forschung-und-service/kronlaender-seiten/78-oesterreichische-laender/niederoesterreich/463-wiener-berufe-lexikon?showall=1 (hier finden Sie neben hunderten Berufsbezeichnungen auch die gängigsten Abkürzungen, die in Dokumenten verwendet wurden); http://www.pfhl.de/Berufe/Berufe.html (Liste historischer Berufe, oft recht kurios und heiter!)].
Ob Fresenmacher (Frees bezeichnet grobes Wollzeug), Sauberjunge (Grubenjunge im Bergbau) oder Bapyrer (Papiermacher) – historische Berufe lassen viele Rückschlüsse auf die Familienstruktur zu, egal ob im ländlichen, städtischen oder höfischen Bereich. Am Wiener Kaiserhof waren tausende Menschen beschäftigt, vom Mundschenk über den Vogeljäger bis zum Kämmerer. Interessant sind auch die k.u.k. Hoflieferanten, ohne die der Betrieb nicht möglich gewesen wäre [https://de.wikipedia.org/wiki/Liste_der_k.k._Hoflieferanten_1856 (Ähnliche Listen von namentlich bekannten Hofbediensteten gibt es auch für die Jahre 1866, 1868 und 1899.)].

Schule und Universität

Wie gebildet waren unsere Vorfahren? Besuchten sie eine Volksschule, sprachen sie mehrere Sprachen? Durften die Mädchen studieren oder waren sie für die Ehe vorgesehen? All diese Fragen erweitern Ihre Familiengeschichte um viele spannende Aspekte und stellen sie in einen gesellschaftspolitischen Kontext. Lohnende Quellen für weiterführende und tiefergehende Forschungen sind jedenfalls historische **Universitätsmatriken**, die Einsicht in eine wissenschaftliche Laufbahn und Hinweise auf die Lebensverhältnisse einer Person geben können. An der Universität Wien finden Sie dazu Publikationen im Universitätsarchiv (Latein ist Voraussetzung). Ein Teil der Dokumente wurde bereits bearbeitet und digitalisiert (https://bibliothek.univie.ac.at/archiv/digitale_objekte.html).

Militärisches

Wie an anderer Stelle bereits erwähnt, sind Matriken eine der wichtigsten Quellen für datenhungrige Ahnenforscher. Auch das **Militär** führte seit 1786 eigene Matriken. Wenn Sie genügend Informationen zur gesuchten Person haben und vielleicht sogar die genaue Bezeichnung des Bataillons oder der militärischen Einheit kennen, wenden Sie sich am besten direkt an das **Kriegsarchiv** in **Wien** (Teil des Österreichischen Staatsarchives): per Post an Nottendorfer Gasse 2, 1030 Wien; per Mail ka@oesta.gv.at. Wenn Ihnen Kriegsverletzungen und Spitalsaufenthalte bekannt sind, können Sie im Kriegsarchiv auch in den Matriken der Spitäler weiterforschen. In **Deutschland** ist das **Bundesarchiv** für militärische Unterlagen zuständig. Laut der Homepage beinhaltet das Archiv rund 50 Kilometer an Akten. Anfragen müssen unter Angabe des Verwandtschaftsverhältnisses gestellt werden. Mehr Infos bekommen Sie per Mail: militaerarchiv@bundesarchiv.de; die Bearbeitung dauert mehrere Monate. Wenn es um Daten rund um den Ersten Weltkrieg geht, sind auch tschechische und slowakische Archive interessant. Im **Tschechischen Militärarchiv** finden Sie bereits digitalisierte Dokumente (Bearbeitung auf Tschechisch und Englisch möglich). Auf der Seite **CRARC** (Crossboarderarchives) sind zahlreiche Datenbanken in der Slowakei und in Österreich zusammengefasst. Hier erfahren Sie zumindest, wo sie weitersuchen müssen (https://kramerius.army.cz/search/?language=en&; https://www.crarc.findbuch.net).

Wer herausfinden will, wo ein Verwandter, der im Krieg gefallen ist, bestattet wurde, kann zunächst die Liste der **Kriegsgräberstätten** auf Wikipedia durchschauen. Sie erhebt jedoch keinen Anspruch auf Vollständigkeit. Bei Personen, die im Zweiten Weltkrieg als Mitglieder von Wehrmacht oder SS gefallen sind, gibt es manchmal einen Hinweis in den Akten des deutschen **Bundesarchives**.

Mit fortschreitender Digitalisierung, etwa auf der Seite des deutschen **Volksbundes**, berichten Zeitungen immer wieder darüber, wie Söhne und Töchter die Grabstätten der Väter viele Jahrzehnte nach deren Tod doch noch fanden (https://de.wikipedia.org/wiki/Liste_von_Kriegsgräberstätten#Österreich; https://www.volksbund.de/graebersuche.html).

Tipp. Oft gestaltet sich die Suche mühsam, da der Begräbnisort in den meisten Fällen nicht mit dem Sterbeort übereinstimmt. Vielleicht finden Sie den Namen des gesuchten Kriegsgefallenen auf einem Soldatenfriedhof, wo die Namen der Toten auf Gedenktafeln zu lesen sind.

Flucht und Migration

Die Erforschung von **Wanderbewegungen** stellt einen wichtigen Bereich der (fortgeschrittenen) Ahnenforschung dar. Gerade in Europa gab es immer wieder heftige Umsiedlungsbewegungen, ausgelöst durch politische Umstürze, wirtschaftliche Notlagen oder auch Umweltkatastrophen.

Allein im 19. Jahrhundert verließen mehr als 50 Millionen Europäer den Kontinent, um in Amerika ihr Glück zu suchen. Die meisten erreichten das Land über Ellis Island. Hier lohnt es sich, die Passagierlisten zu durchforsten (https://www.libertyellisfoundation.org).

Nach dem Ersten Weltkrieg versuchten viele Staaten, die Migration mit politischen Mitteln zu steuern, etwa mit der Einführung von Reisepässen. Dennoch wanderten in den 1920er-Jahren viele Menschen aus, etwa nach Südamerika (vor allem nach Argentinien und Brasilien). Gewaltsam geleert wurde der Kontinent schließlich im Zweiten Weltkrieg; nach der Verfolgung der jüdischen Bevölkerung, von politisch Andersdenkenden sowie Roma und Sinti kam schließlich die Vernichtung. Für Österreich wurde ab den späten 1960er-Jahren die Zuwanderung aus dem ehemaligen Jugoslawien ein Thema. Die Gastarbeiter trugen wesentlich zum wirtschaftlichen Aufschwung des Landes bei. Heute sorgen offene Grenzen innerhalb von Europa für neue Wanderbewegungen. Dazu kommt die Zuwanderung aus Krisengebieten im Nahen Osten oder in Afrika.

Info. Ein Beispiel einer innereuropäischen Wanderbewegung ab dem 17. Jahrhundert sind die Donauschwaben – eine Volksgruppe, die zur Zeit der Habsburger in südosteuropäischen Gebieten (Ungarn, Rumänien, ehemaliges Jugoslawien) angesiedelt wurde. Viele dieser sogenannten Volksdeutschen wurden im Zweiten Weltkrieg zur Flucht und Rückkehr in deutsche Gebiete gezwungen.

USHMM Photo archive

Flüchtlinge in Lissabon vor der Überfahrt um 1940

Viele Ahnenforscher beschäftigen sich vor allem mit Wanderbewegungen rund um den Zweiten Weltkrieg, wurden doch zu dieser Zeit Familien auseinandergerissen. Weit entfernte Verwandte zeugen heute noch davon. Über diverse Archive können Fluchtwege nachverfolgt werden, Dokumente wie **Passagierlisten** von Überseeschiffen, aber auch **Visa-Anträge** und **Immigrationsunterlagen** sind wichtige Quellen.

Die **Deutsche Auswanderer-Datenbank** hat Passagierlisten von Auswandererschiffen gesammelt, die im Zeitraum von 1820 bis 1939 von vornehmlich deutschen Häfen aus die Vereinigten Staaten von Nordamerika anfuhren. Der Nachname des Gesuchten sollte bekannt sein, auch das ungefähre Auswanderungsjahr, sonst ist die Recherche eher mühselig. Man kann auch den Förderkreis Historisches Museum Bremerhaven e. V., der die Datenbank ins Leben gerufen hat, mit der Recherche beauftragen; das kostet zwischen 20 und 60 Dollar (Stand Jänner 2020). Auch ein Besuch des Museums ist möglich (https://www.deutsche-auswanderer-datenbank.de).

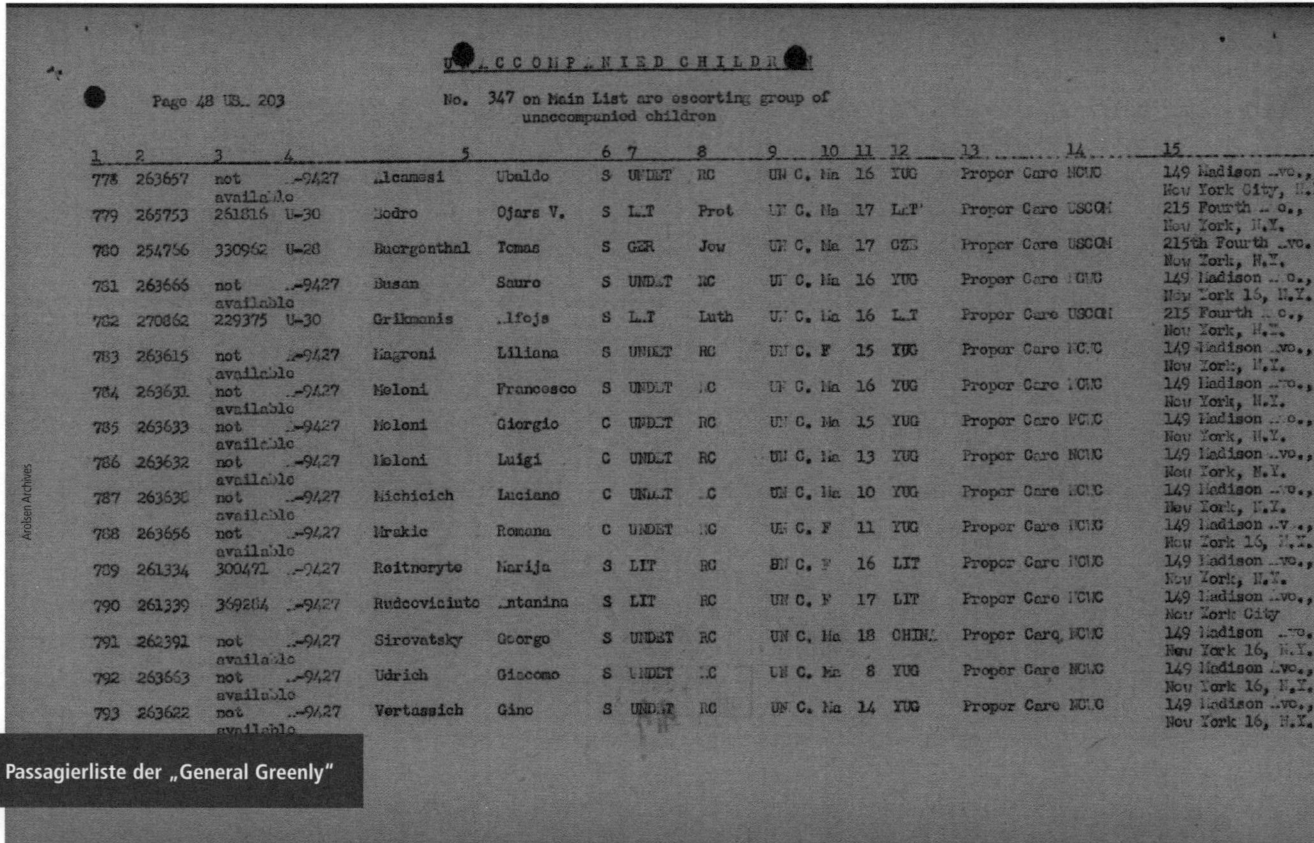

U.ACCOMP.NIED CHILDREN

Page 48 US. 203

No. 347 on Main List are escorting group of unaccompanied children

1	2	3	4	5		6	7	8	9	10	11	12	13	14	15
778	263657	not available	..-9427	.lcamesi	Ubaldo	S	UNDET	RC	UN C.	Ma	16	YUG	Proper Care	NCWC	149 Madison Ave., New York City, N.Y.
779	265753	261816	U-30	.odro	Ojars V.	S	L.T	Prot	UN C.	Ma	17	L.T'	Proper Care	USCOM	215 Fourth .. o., New York, N.Y.
780	254756	330962	U-28	Buergenthal	Tomas	S	GER	Jew	UN C.	Ma	17	CZE	Proper Care	USCOM	215th Fourth Ave., New York, N.Y.
781	263666	not available	..-9427	Busan	Sauro	S	UNDET	RC	UN C.	Ma	16	YUG	Proper Care	NCWC	149 Madison .. o., New York 16, N.Y.
782	270862	229375	U-30	Grikmanis	.lfojs	S	L.T	Luth	UN C.	Ma	16	L.T	Proper Care	USCOM	215 Fourth .. o., New York, N.Y.
783	263615	not available	..-9427	Magroni	Liliana	S	UNDET	RC	UN C.	F	15	YUG	Proper Care	NCWC	149 Madison Ave., New York, N.Y.
784	263631	not available	..-9427	Meloni	Francesco	S	UNDET	.C	UN C.	Ma	16	YUG	Proper Care	NCWC	149 Madison Ave., New York, N.Y.
785	263633	not available	..-9427	Meloni	Giorgio	C	UNDET	RC	UN C.	Ma	15	YUG	Proper Care	NCWC	149 Madison .. o., New York, N.Y.
786	263632	not available	..-9427	Meloni	Luigi	C	UNDET	RC	UN C.	Ma	13	YUG	Proper Care	NCWC	149 Madison Ave., New York, N.Y.
787	263630	not available	..-9427	Michicich	Luciano	C	UNDET	.C	UN C.	Ma	10	YUG	Proper Care	NCWC	149 Madison Ave., New York, N.Y.
788	263656	not available	..-9427	Mrakic	Romana	C	UNDET	RC	UN C.	F	11	YUG	Proper Care	NCWC	149 Madison Ave., New York 16, N.Y.
789	261334	300471	..-9427	Reitneryte	Marija	S	LIT	RC	UN C.	F	16	LIT	Proper Care	NCWC	149 Madison Ave., New York, N.Y.
790	261339	369284	..-9427	Rudcoviciute	.ntanina	S	LIT	RC	UN C.	F	17	LIT	Proper Care	NCWC	149 Madison Ave., New York City
791	262391	not available	..-9427	Sirovatsky	Georgo	S	UNDET	RC	UN C.	Ma	18	CHINA	Proper Care	NCWC	149 Madison Ave., New York 16, N.Y.
792	263663	not available	..-9427	Udrich	Giacomo	S	UNDET	.C	UN C.	Ma	8	YUG	Proper Care	NCWC	149 Madison Ave., New York 16, N.Y.
793	263622	not available	..-9427	Vertassich	Gino	S	UNDET	RC	UN C.	Ma	14	YUG	Proper Care	NCWC	149 Madison Ave., New York 16, N.Y.

Arolsen Archives

Passagierliste der „General Greenly“

Auch auf den Ahnenforschungs-Portalen **MyHeritage** und **Ancestry** kann in Passagierlisten recherchiert werden (siehe Kapitel 3, ► Seite 77). Die Auswandererschiffe verließen Europa vor allem von Hamburg, Bremen, Bordeaux, Marseille und Lissabon. Ziele waren neben Nordamerika auch Kuba und Mexiko, die Philippinen und Shanghai.

Das **United States Holocaust Memorial Museum** (USHMM) ist eine weitere Adresse, die in vielerlei Hinsicht einzigartige Ergebnisse bei der Suche nach Verwandten bringt. Die Datenbank enthält neben Passagierlisten auch Fotografien, Filme, Korrespondenz, Oral-History-Aufzeichnungen von Zeitzeugen und vieles mehr. Der US-amerikanische Regisseur Steven Spielberg stellt hier Material aus seinen zeitgeschichtlichen Dokumentationen zur Verfügung. Allein auf dieser Plattform lässt es sich stundenlang verweilen (https://www.ushmm.org).

Bilder, Zeitungen, Postkarten

Die **Österreichische Nationalbibliothek** stellt nicht nur Bücher und Dokumente zur Verfügung – und ist damit eine der ersten Anlaufstellen für Studenten, Historiker und eben auch Ahnenforscher –, sondern auch wesentliche Teile ihres weiteren Bestandes. Bereits digitalisiert sind das **Bildarchiv**, das Zeitungs- und Zeitschriftenarchiv (**ANNO**) und das Ansichtskartenarchiv (**AKON**). Im Bildarchiv kann online gestöbert werden, eine kommerzielle Verwendung der Bilder ist allerdings kostenpflichtig. Anders sieht es bei ANNO und AKON aus. Diese Plattformen eignen sich besonders zu weiterführenden Forschungen, und hier kann das Material mit wenigen Ausnahmen für eigene Zwecke und Publikationen verwendet werden (http://www.bildarchivaustria.at; http://anno.onb.ac.at; https://akon.onb.ac.at).

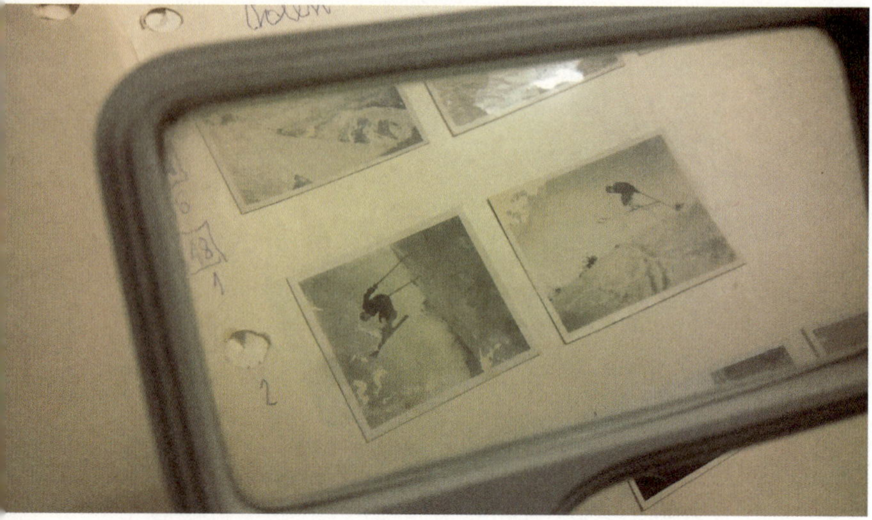

Achtung! Im Zeitungsarchiv ANNO blättert man gerne auch auf die nächsten Seiten weiter und verliert sich schnell. Und auch von einer virtuellen Weltreise anhand von historischen Ansichtskarten auf AKON kehrt man nur ungern wieder in den Alltag zurück!

Wappenkunde und Orden

Wer weit zurück in die Geschichte seiner Familie forscht, kommt vielleicht mit der **Wappenkunde** in Berührung. Der wissenschaftliche Ausdruck ist **Heraldik**. Sie beschäftigt sich mit der historischen Entwicklung und der Symbolik von Wappen.
Heraldiker unterscheiden verschiedene Bereiche auf den Wappen, die mit diversen Symbolen und Tiergestalten verziert sind. Als Wappentiere waren Löwen, Bären, Leoparden und Adler besonders beliebt, aber auch Fabelwesen wie der Greif, das Einhorn und der Drache (https://www.heraldik-wiki.de/wiki/Liste_der_Wappen_in_Österreich; https://herold-verein.de).

Info. Das Wort Heraldik bedeutet eigentlich Heroldskunst. Der Wappenherold (der Herold war im Mittelalter ein offizieller Bote eines Lehnsherrn, der diplomatische Immunität genoss) konnte Wappen lesen und dadurch sofort auf die Herkunft des Trägers schließen. Dieses Wissen war vor allem in kriegerischen Auseinandersetzungen, aber auch bei Turnieren von großer Bedeutung. Die Redewendung „sich wappnen" kommt aus der Zeit des Mittelalters, als das persönliche Wappen auf Schild, Helm und auch auf dem Überwurf für das Pferd abgebildet war.

In Österreich ist – ähnlich wie der Verein Herold in Deutschland – die Heraldisch-Genealogische Gesellschaft „Adler" eine Anlaufstelle bei Fragen zur **Wappen- oder Siegelkunde**. Hier gibt es auch eine umfangreiche Bibliothek mit rund 40.000 Publikationen. Die Benutzung kostet für Nichtmitglieder 10 Euro (Studenten zahlen die Hälfte), eine Jahresmitgliedschaft kostet (Stand Februar 2020) 60 Euro (https://adler-wien.at).

Wikipedia, public domain

Wappen der Kurfürsten, Quaterionenadler

„Bei höheren Offizieren ist das gleich eine ganze Latte von Orden. Das Bild scanne ich und stelle es in die Facebookgruppe ‚Ahnenforschung und Militärgeschichte', da gibt es ein paar Profis. Eine Alternative ist, in Militärschematismen zu suchen. Dort sind sämtliche Ehrenzeichen angeführt. Solche Schematismen findet man über das Staatsarchiv."

Leopold Strenn, Präsident ÖFR

Ähnlich wie Wappen geben auch Orden und Ehrenzeichen Auskunft über die (militärische) Laufbahn eines Verwandten. Manchmal sind sie wichtige Hinweise, um Personen auf Fotografien zu identifizieren.
Es gibt zahlreiche Publikationen in Bibliotheken, die sich mit Orden beschäftigen. Aber auch im Netz finden sich viele Seiten zum Thema Phaleristik, wie die **Ordenskunde** wissenschaftlich genannt wird (https://austria-forum.org/af/AEIOU/Orden_und_Ehrenzeichen; https://www.deutsche-gesellschaft-fuer-ordenskunde.de/DGOWP/; https://www.ehrenzeichen-orden.de).

Berufsgenealogen

Sie sind an der Erforschung Ihrer Familiengeschichte interessiert, haben aber keine Lust oder Zeit, sich selbst darum zu kümmern? Oder Sie sind im Laufe Ihrer Erforschung der Familiengeschichte auf Fragen gestoßen, die Sie trotz intensiver Recherchen alleine nicht beantworten können? Manchmal braucht es vielleicht nur einen Anstoß, um selbst weiterzuforschen; manchmal ist es sinnvoll, schwierige Kapitel an Experten weiterzugeben. In beiden Fällen ist die Kontaktaufnahme mit **Berufsgenealogen** sinnvoll. Diese Familienforscher bearbeiten gegen ein Entgelt heikle oder komplizierte Details aus Ihrer Familiengeschichte. „Genealoge" ist keine geschützte Berufsbezeichnung. Meist handelt

es sich um Menschen, die sich ihr Fachwissen Schritt für Schritt – und meist über viele Jahre – angeeignet haben.
Wenn Sie die Dienste von Berufsgenealogen in Anspruch nehmen wollen, werden Sie zunächst aufgefordert, eine Fragestellung zu formulieren und Einblick in die bereits vorhandenen Dokumente zu geben. Danach schätzen die Genealogen den Aufwand: Sind Reisen notwendig? Wo könnten sich Komplikationen ergeben? Was ist online möglich? Ein Auftrag wird erst nach einer ersten Einschätzung erteilt, auch die Kosten richten sich danach.
Die Angebote sind vielfältig. Sie reichen von Gratis-Downloads, kleineren Hilfestellungen und Seminaren zum Thema Ahnenforschung über Kurrent-Workshops und Beratung im Zusammenhang mit Onlineforschung bis hin zur Übernahme der gesamten Familienforschung. Durch die unaufhaltsame Digitalisierung von Dokumenten wird es weltweit immer leichter, an entsprechende Informationen zu gelangen. Nicht nur private Ahnenforscher haben dadurch viele Vorteile, auch staatliche Stellen, private Archive, Universitäten, historische Institutionen und natürlich die Berufsgenealogen profitieren davon.
Einige Berufsgenealogen in Deutschland, der Schweiz und Österreich haben sich im „Verband deutscher Berufsgenealogen" zusammengeschlossen. Das hat den Vorteil, dass Ihre Anfrage an verschiedene Spezialisten weitergeleitet werden kann. So befasst sich etwa der Wiener Genealoge **Johann Hammer** mit Fragen zur Einwanderung von Personen aus verschiedenen Gebieten Europas nach Österreich. Die Genealogin

„Wir sind natürlich dankbar für die Digitalisierung. Sie erleichtert uns die Arbeit. Wir können sie vom Schreibtisch aus machen. Wir können die Arbeit dann machen, wenn wir Zeit haben, und nicht, wenn das Archiv geöffnet hat. Aber es gibt noch genügend Material, das nicht digitalisiert ist. Die wahren Schätze, die gibt es noch immer in den Archiven."

Felix Gundacker, Berufsgenealoge

Andrea Bentschneider in Hamburg ist auf Auswanderungsfragen spezialisiert. Der Genealoge **Thomas Scheuringer** in Oberösterreich kann unter anderem fundierte Auskünfte zu Haus- und Hofnamen geben [https://berufsgenealogie.net; https://www.derahnenforscher.at (Johann Hammer, Wien); https://www.beyond-history.de (Andrea Bentschneider, Hamburg); http://zeitmaschine-historien.at (Thomas Scheuringer, Neukirchen am Walde)].

Eine Liste von Berufsgenealogen finden Sie auch auf der Homepage des Vereins **Familia Austria**, der Österreichischen Gesellschaft für Genealogie und Geschichte (https://familia-austria.at/index.php/forscher-helfen-forschern/berufsgenealogen).

Der Wiener Berufsgenealoge **Felix Gundacker** bietet Einführungsseminare für Ahnenforschungs-Anfänger an, in denen er Grundlagen erklärt und erste Schritte nachvollziehbar macht. Die Kosten für das ganztägige Seminar liegen bei 95 Euro. Wer das Seminar absolviert hat, kann danach um 180 Euro einen zweitägigen Intensivworkshop über den Umgang mit kirchlichen oder herrschaftlichen Quellen besuchen. Auch einen – sehr beliebten und rasch ausverkauften – Ahnenforschungs-Lehrgang bietet der Berufsgenealoge an; er dauert fünf Tage, ist in Modulen aufgebaut und verbindet Theorie mit Übungsteilen. An einem Lehrgang nehmen höchstens 20 Personen teil, die Kosten liegen bei 460 Euro; alle Kosten Stand Jänner 2020 (https://www.genealogiekurse.at).

Auf der Internetseite **GenTeam** stellt Felix Gundacker den rund 44.500 registrierten Nutzern (Stand Jänner 2020) die mit fast 20 Millionen Einträgen größte genealogische Datenbank Österreichs zur Verfügung. Neben einem Ortsverzeichnis sind hier unzählige Indizes von Kirchenbüchern zu finden. Im Ortsverzeichnis können Sie auch nur einen Teil des Namens eingeben, wenn Sie sich bei der Schreibweise eines Ortsnamens nicht sicher sind (https://www.genteam.at).

Ein weiteres Tool kommt ebenfalls aus der Werkstatt Gundackers: Der Genealoge hat Wörter, die in der Ahnenforschung

wichtig sind, in einem **Genealogischen Wörterbuch** zusammengefasst. Hier finden sich Abkürzungen (z.B. a m = ante meridiem, vormittags; c m = causa mortis, Todesursache; Xr = Kreuzer, Zahlungsmittel) und lateinische Wörter genauso wie Berufsbezeichnungen oder spezielle deutsche Begriffe (z.B. Leilach = Leintuch; Ringehe = Geheimehe von Geistlichen im Mittelalter; Willbrief = schriftliche Einwilligung). Im Jahr 2018 wurde das Buch neu aufgelegt. Es enthält nun 8.000 deutsche/lateinische sowie 4.600 tschechische Begriffe. (Die Bezugsquelle finden Sie im Literaturverzeichnis, ► Seite 149.)
Berufsgenealogen sind gut vernetzt und haben jede Menge Erfahrung. Sie kennen die Arbeit in Archiven und wissen, wie man mit den verschiedenen Quellen umgeht. Sie verfügen über zusätzliches Wissen und beschäftigen sich mit sehr speziellen Fragestellungen. Viele Berufsgenealogen schreiben und lesen Kurrent fließend, betreiben Datenbanken, sammeln entsprechende Bücher oder sprechen neben Latein auch noch einige Fremdsprachen, was die Arbeit in ausländischen Archiven wesentlich erleichtert. Ein weiteres Betätigungsfeld mancher Berufsgenealogen ist die **Auffindung von Erben**. Diese Suche geschieht meist im Auftrag von Notaren oder Gerichten. Viele Familienforscher bieten an, die Ergebnisse der Recherche in einem Buch zusammenzufassen – als schöne Erinnerung oder außergewöhnliches Geschenk für ein Familienmitglied (siehe Kapitel 4, ► Seite 94). Besondere Stammbäume produziert das **Stammbaum Atelier Rosenlechner** in Salzburg. Regina und Franz Rosenlechner malen nostalgisch-detailreiche, bunte Ahnentafeln und Stammbäume (► Seite 116), in die Daten und historische Porträtfotos integriert werden (http://www.stammbaum-rosenlechner.at).

Stammbaum-Atelier Rosenlechner

Lebendige Geschichte

Erst wenn Emotionen ins Spiel kommen, wird eine Lebensgeschichte bunt. Tauchen Sie in die Welt Ihrer Ahnen ein – und kommen Sie erfrischt in der Gegenwart an!

> „Man hat sozusagen ein Geburtsdatum, eine Adresse, vielleicht noch den Beruf, dann eben Taufe, Heirat, Tod – aus. Das sind die Hard Facts. Was fehlt, sind die Emotionen."
>
> Stefan K., Hobby-Ahnenforscher

Als Ahnenforscher gelangen Sie wahrscheinlich irgendwann an den Punkt, an dem Ihnen das reine Datensammeln nicht mehr genug ist. Sie wollen mehr über das Leben Ihrer Vorfahren erfahren. In Foren und an Stammtischen haben Sie sich bereits mit Gleichgesinnten ausgetauscht, Sie haben weit entfernte Verwandte kennengelernt, Sie haben so manches Rätsel gelöst. Der Familienstammbaum ist bereits gut gefüllt.

Doch in so manchen Dokumenten finden sich noch weitere Informationen, die auf verschlungene Lebenswege schließen lassen: Sie sind nun der tatsächlichen Geschichte der Menschen auf der Spur, die letzten Lücken im Familiennarrativ wollen befüllt werden. Wer einmal in die Ahnenforschung eintaucht, dem fällt es schwer, wieder daraus aufzutauchen – zu faszinierend ist die Welt unserer Vorfahren, zu spannend sind deren Schicksale. In Gesichtern entdecken wir Züge, die irgendwie an uns selbst erinnern. In Tagebüchern ist von Leidenschaften zu lesen, denen wir selbst frönen. In Lebensgeschichten der Ahnen sehen wir Parallelen zum eigenen Leben. Doch warum interessieren uns diese Geschichten so sehr? Was bringt es mir heute, wenn ich weiß, wie im Gestern gelebt wurde? Wie sehr haben die Ahnen die jeweils folgenden Generationen (und vielleicht auch die aktuellen Ahnenforscher) geprägt?

Biografien erforschen

Je mehr geforscht wird, je mehr Quellen sich auftun, je mehr Fragen gestellt werden, desto mehr Daten, Informationen und

„Ich habe einmal im Zuge einer Recherche einer Hausgeschichte meines Cousins die Grundbücher und Verlassenschaftsabhandlungen angeschaut und bin durch Zufall auf eine kuriose Geschichte gestoßen. Dass nämlich ein Bürgermeister einer landesfürstlichen Stadt in der Zeit Maria Theresias von einem Räuber entführt wurde, weil dieser einen Taufpaten für sein Kind gebraucht hat. Spannend!"

Leopold Strenn, Präsident ÖFR

Antworten bekommen Ahnenforscher. Und von den trockenen **Lebensdaten** der Ahnen geht es schließlich hinein in die **Biografien** der Menschen. Wir geben den Daten eine Geschichte. Lange, mühsame Recherchen sind notwendig, um Details zu sozialen und wirtschaftlichen Verhältnissen der Ahnen zu finden. Wo haben sie gelebt, was haben sie gearbeitet, wie ist es ihnen ergangen? Welchen Zwängen waren sie unterworfen, mit welchen Schwierigkeiten hatten sie zu kämpfen?
Die Lebensgeschichten der Menschen erschließen sich nur im historischen und gesellschaftlichen Kontext: Die Stellung der Frau in den vergangenen Jahrhunderten gilt es genauso zu beachten wie die hohe Säuglings- und Kindersterblichkeit; aber auch Konflikte, Kriege, Flucht und Exil haben gravierende Auswirkungen auf die Familiengeschichte Neben all den bereits besprochenen Dokumenten (siehe Kapitel 2, ► Seite 41 und Kapitel 5, ► Seite 97), die die grundsätzlichen Lebensdaten (Geburt, Taufe, Heirat, Tod) und eventuelle zusätzliche Informationen (Religionszugehörigkeit, Adresse, Beruf) verraten, sind zahlreiche weitere persönliche Unterlagen von unschätzbarem Wert: Stammbücher, Briefe, (Kriegs-)Tagebücher oder auch Taschenkalender.

Vielleicht hatten Sie selbst bereits einmal einen solchen **Taschenkalender** einer längst verstorbenen Person in der Hand – auf einem Flohmarkt oder bei einem Altwarenhändler. Beim Durchblättern entstehen sofort Bilder im Kopf, was für

Bei der Recherche zu einem österreichischen Filmschaffenden, dem Aufnahmeleiter Arthur Gottlein, der 1939 vor den Nationalsozialisten ins Exil auf die Philippinen und später nach Shanghai fliehen musste, entdeckte die Autorin in dessen Nachlass penibel geführte, ledergebundene Taschenkalender, lückenlos von 1928 bis 1974. Mithilfe dieser handschriftlichen Aufzeichnungen ließen sich zahlreiche bereits davor entdeckte Lebensereignisse verifizieren, außerdem gaben die Eintragungen Einblick in den Alltag des Mannes: Jüdische Feiertage waren ebenso verzeichnet wie tägliche Ausgaben, geplante Telefonate oder auch die Erinnerung, nicht auf das Ausfüllen eines Lottoscheines zu vergessen.

ein Mensch der Besitzer dieses Büchleins gewesen sein könnte. Intuitiv schlagen wir bestimmte Daten nach, suchen nach Auffälligkeiten oder Routinen.
Ähnlich ist es mit **Stammbüchern**, die uns mehr über eine Person verraten, als wir im ersten Moment denken. Sind die Einträge der Freunde liebevoll und aufwendig gestaltet? Wurden die Gedichte sorgsam ausgesucht oder nur schnell hingeworfen? Finden sich Datum und Ort des Eintrags?
Über das Leben unserer Ahnen erfahren Sie auch vieles, wenn Sie Verlassenschaftsunterlagen, Eheverträge oder Testamente

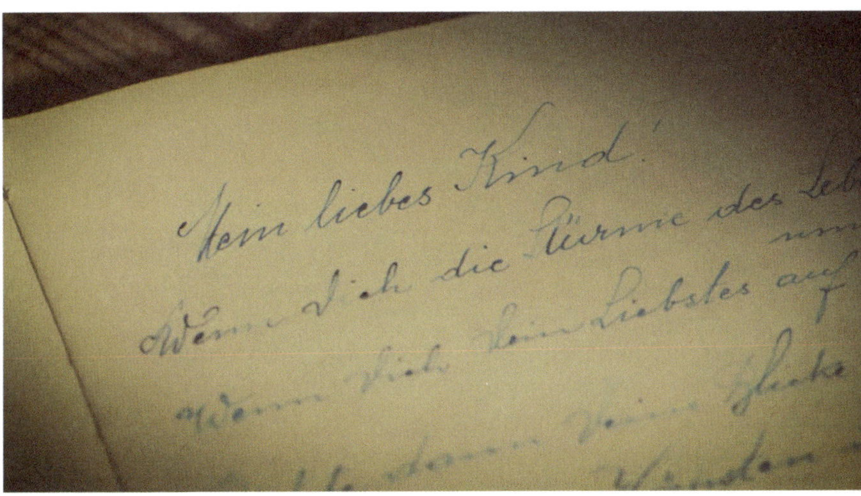

„Im Testament sieht man zum Beispiel, aha, die eine Tochter war nicht brav, die hat einen anderen geheiratet als sie sollte, deswegen bekam sie nur einen ganz geringen Betrag. Aber ihre Kinder haben einen ordentlichen Betrag bekommen, damit die Großeltern eine ‚gute Nachred' haben."

Leopold Strenn, Präsident ÖFR

untersuchen. Über welche Güter verfügte die Familie? Besaß sie edle Pferde oder nur Ackergäule? Bestandslisten lassen auf die Ausstattung eines Hofes schließen – da gab es etwa kostbare bestickte Goldhauben oder Gemälde in Silberrahmen.

Viele Dokumente sind ganz persönliche Erinnerungsstücke, die Ahnenforschern einen beinahe intimen Blick auf das Leben der Verwandten ermöglichen, Geheimnisse und Überraschungen bereithalten. Manchmal zwingen sie den Forscher aber auch, eine völlig neue – unerwartete und vielleicht sogar schmerzliche – Bewertung der beforschten Person vorzunehmen. Vor allem in der österreichischen Geschichte ab 1930 wurde von den älteren Generationen vieles verschwiegen oder aus Scham nicht erzählt. Das gilt für „Opferfamilien" genauso wie für „Täterfamilien". Plötzlich auftauchende Dokumente, Schriftstücke oder Fotografien können für anhaltende Irritation sorgen, aber auch dabei helfen, die Familiengeschichte adäquat aufzuarbeiten.

Bei der Erforschung ihrer eigenen Familiengeschichte beschäftigte sich die Autorin mit einem Konvolut von Briefen des Großvaters an die Großmutter aus den Jahren 1937 bis 1944, die erst nach dem Tod der Großmutter auftauchten. Sie zeigen vordergründig einen liebenden Ehemann und stolzen Vater, jedoch zwischen den Zeilen erscheint ein von der NS-Ideologie durchdrungener SS-Offizier. Es liegt in der Verantwortung der nachkommenden Generationen, sich mit der Familienvergangenheit zu beschäftigen, doch es tut auch weh, sich mit der perfiden Widersprüchlichkeit des eigenen Großvaters auseinanderzusetzen.

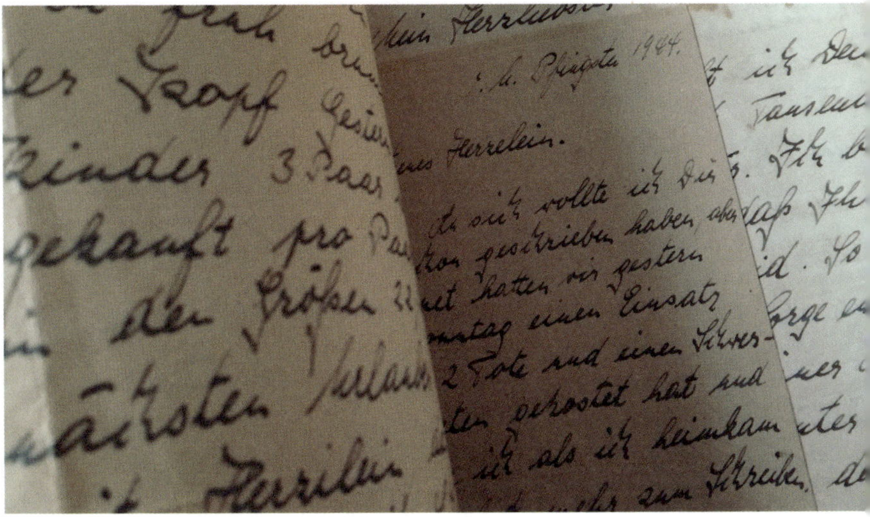

Vielleicht heben Sie sich die persönlichsten, die heikelsten oder die zweifelhaftesten Dokumente bis zum Schluss Ihrer Forschungen auf. Auch wenn Sie Ihren Stammbaum bereits bis ins 16. Jahrhundert zurückverfolgen können, haben Sie eventuell sehr persönliche Dokumente bisher unangetastet gelassen. Vielleicht fürchten Sie, dort unangenehme Informationen zu finden? Wer tiefer in die Biografien seiner Ahnen eintaucht, wird an einem umfassenden und gründlichen **Literaturstudium** nicht vorbeikommen (siehe Kapitel 2, ► Seite 69). Auch wenn man mittlerweile das Gefühl hat, dass jedes kleinste Detail im Internet zu finden ist, so ist der Besuch einer Bibliothek manchmal der erste Schritt zu eines Rätsels Lösung. Eine Ahnenforscherin erfuhr zum Beispiel im Laufe der Recherche, dass ihr Großvater

„Das einzige Projekt, das noch ausständig ist in diesem Bereich, ist mein Großvater väterlicherseits. Von ihm habe ich ein Tagebuch, ein Typoskript. Bisher hatte ich noch nicht die Muße, mich mit dieser Quelle zu beschäftigen, aber seine Geschichte gehört noch erzählt."

Stefan K., Hobby-Ahnenforscher

in 11. Generation, ein katholischer Pfarrer, etliche uneheliche Kinder legitimiert und damit zu seinen Erben gemacht hatte. Sie besuchte Museen und blätterte in alten Büchern, beschäftigte sich mit dem Leben von Pfarrern in der Renaissance, fand schließlich einen Briefwechsel, der Licht in die Sache brachte.

„Der Erzbischof war nicht so sehr begeistert, dass meines Ahnen Vermögen an seine Kinder ging und nicht zu einhundert Prozent an die römisch-katholische Kirche. Das ist dann schon sehr spannend, weil man die Zeit, in der diese Menschen gelebt haben, mit anderen Augen sieht."

Marion B., Hobby-Ahnenforscherin

Dennoch: Manche Fragen bleiben vielleicht für immer unbeantwortet. Je weiter zurück die Ahnenforscher in die Vergangenheit gehen, desto weniger Informationen sind zu finden. Als eine Ahnenforscherin vor ein paar Jahren ein Haus besuchte, in dem frühere Generationen ihrer Familie gelebt hatten, entdeckte sie an der Außenmauer des Bauernhofes ein außergewöhnliches Gemälde, das darstellt, wie der Vierfach-Urgroßvater erdolcht wird. In einem Erklärtext ist zu lesen, dass sich die Tragödie im Jahr 1832 zugetragen haben soll, der Täter sei ein „unbändiger, jähzorniger Mann" gewesen.

„In der Sterbeurkunde ist zwar vermerkt, dass der Mann an den Folgen einer Stichwunde starb, ich habe auch versucht, herauszufinden, ob der Mörder gefasst wurde und was die Hintergründe waren. Leider bin ich bei dieser Recherche gescheitert."

Petra K., Hobby-Ahnenforscherin

Briefe, Tagebücher, Stammbücher oder Familienbücher sind eine Fundgrube für neue Hinweise, Geheimnisse oder Über-

raschungen. Vielleicht verweisen diese Dokumente auch auf bereits erlangte Erkenntnisse, bestätigen diese oder lassen sie in einem neuen Licht erscheinen. Sie erfüllen Daten mit Leben, lassen hier und dort Charakterzüge einer bestimmten Person erkennen. Fotografien können Daten zugeordnet werden, unbekannte Gesichter in Familienfilmen bekommen Namen. Je breiter die Recherche, desto verständlicher werden die Details.

Bei der Recherche zum Aufnahmeleiter Arthur Gottlein stieß die Autorin in einer Kiste des Nachlasses auf ein loses Blatt, ein Namenstaggedicht für eine Bekannte Gottleins. Dort war mehrmals von Handschuhen die Rede, die Autorin konnte sich darauf keinen Reim machen. Erst beim späteren Durchblättern der bereits erwähnten Taschenkalender konnte das Rätsel gelöst werden: Das Gedicht war im Exil in Shanghai verfasst worden, im Juni 1945, also nach Kriegsende. Gottleins Frau hatte gemeinsam mit der Bekannten ab dem Frühjahr 1945 offenbar jede Menge Handschuhe gestrickt, die den Familien ein karges Auskommen im Ghetto in Shanghai bescherten. Der Handschuh im Gedicht bezieht sich darauf, dass die Strickerei ein Ende hatte und von nun an endlich wieder Filme gedreht würden.

Den Spuren folgen

Für viele Menschen, die sich mit Ahnenforschung beschäftigen oder versuchen, mehr über die Biografie eines Angehörigen zu erfahren, ist die Datensammlung ein erster Schritt zur Beschäftigung mit Geschichte generell. Da werden einschlägige Bücher gelesen, zeitgeschichtliche Dokumentationen angeschaut, man tauscht sich in Foren und Chats aus, um alles ein bisschen besser zu verstehen. **Reisen** zu Orten, an denen Eltern, Großeltern oder Urgroßeltern geboren wurden oder gelebt haben, gehören für viele Ahnenforscher dazu. Es ist ein ganz spezielles Erlebnis, nach langer Recherche tatsächlich im Zug nach Norddeutschland oder im Auto in Richtung Mühlviertel zu sitzen, um den Hof, das Dorf, die Stadt oder zumindest die Gegend zu besuchen, wo die Vorfahren gewirkt haben. Vielleicht steht das Haus der Urgroßeltern noch, vielleicht kann es sogar besichtigt werden. Vielleicht ist aber auch rein gar nichts übrig, das an frühere Bewohner erinnert, doch dann finden Sie vielleicht auf dem Friedhof Hinweise. Wenn einer eine Reise tut, dann kann er was erzählen – auch, wenn er eine Reise in die Vergangenheit tut.
Österreichische Biografien führen nicht selten in die früheren Kronländer. Vor allem in tschechischen Archiven lassen sich lange gesuchte Dokumente finden. Eine Reise dorthin lohnt sich im Zuge einer Familienforschung auf jeden Fall, denn im ehemaligen Böhmen und Mähren finden sich noch heute zahlreiche Hinweise auf die deutschsprachige Vergangenheit.

„In einem Dorf in Osttirol habe ich Verwandte angetroffen, Cousins achten oder neunten Grades, irgend so etwas. Und in der Nacht zuvor ist ein Kälbchen auf die Welt gekommen, das wurde dann nach mir benannt, sozusagen zu Ehren des Gastes, obwohl ich da einfach unangekündigt aufgetaucht war. Und das ist schon sehr nett!"

Michael E., Hobby-Ahnenforscher

„Wir sind dort immer herumgefahren, weil ein Teil meiner Verwandtschaft aus Böhmen kommt. Und daher haben wir Friedhöfe besucht und irgendwelche Grabsteine abfotografiert. Das macht richtig Spaß, und man kann sich spannende Geschichten drumherumbasteln."

Marion B., Hobby-Ahnenforscherin

„Ich bin mit meiner Mutter dort hingefahren, vor zwei Jahren war das. Es gibt das Haus noch, so ein alter Hof, er ist aber sehr stark umgebaut worden. Ich war leider nicht drinnen, es war niemand zu Hause. Es war vor allem für meine Mutter sehr interessant und auch sehr emotional, dass sie einmal dort gewesen ist, wo ihr Vater geboren wurde."

Petra K., Hobby-Ahnenforscherin

Das Schöne an diesen Reisen in die Vergangenheit ist, dass man letztlich tatsächlich wieder in der Gegenwart ankommt. Man sieht, wie der Ort, an dem einst ein Familienleben stattgefunden hat, heute ausschaut. Egal ob noch etwas davon übrig ist oder nur noch vage Hinweise zu erkennen sind – die Suchenden erobern diese Erinnerungsorte und fügen ihre eigenen Erfahrungen hinzu. Und manchmal werden neue Bande geknüpft; dann nämlich, wenn weit entfernte Verwandtschaft immer noch an diesem Ort zu finden ist.

Und was soll das alles für einen Sinn haben?

Reisen in die Vergangenheit, stundenlanges, tagelanges, monatelanges **Recherchieren** im Netz. Kaum Antworten und immer mehr Fragen – wieso sollte man sich das antun? Warum sich beim Entziffern von schludrig geschriebenem Kurrent die

„Wenn Sie wissen, dass in Wien im Stephansdom einer ihrer Vorfahren getauft wurde oder dort geheiratet hat, werden Sie diesen Dom in Zukunft ganz anders betrachten als vorher."

Felix Gundacker, Berufsgenealoge

Augen verderben, zu welchem Zweck dicke, staubige Wälzer durchblättern (außer, um einen Hustenanfall zu provozieren), weshalb zahllose Archive nach Geburtsdaten durchsuchen? Wozu die eigene Verwandtschaft bis ins 16. Jahrhundert zurückverfolgen und einen so gigantischen Stammbaum erstellen, dass es dafür kein Papierformat mehr gibt, sollte man ihn ausdrucken wollen? Was bringt das stundenlange Suchen in Datenbanken, das **Auffüllen** von Lücken, das **Nachfragen** und **Auswerten**?

Ahnenforschung ist wie ein Virus. Man steckt sich an und wird es nicht mehr los. Doch dieses Virus hat im Gegensatz zu seinen medizinischen Kollegen durchaus positive Auswirkungen. Wir sehen nicht nur die Geschichte, sondern auch gesellschaftliche Phänomene aus einem anderen (persönlicheren) Blickwinkel.

Welche Schlüsse jeder und jede aus der Ahnenforschung zieht und wie mit der Forschung umgegangen wird, ist von Fall zu Fall verschieden. Manche Ahnenforscher machen ihre Recherchen öffentlich, manche verschließen die Schachteln mit den Familienerinnerungen wieder und verstauen sie an einem ge-

„Man verabschiedet sich von Konzepten wie: Ich bin nur Österreicherin. Spätestens wenn man vier Generationen zurückgeht, ist man keine Österreicherin mehr. Auch diese ganzen Nationalstaatlichkeiten, diese ganzen Befindlichkeiten, ändern sich oder sind nicht mehr so relevant. Man sieht, dass sich die Gesellschaft und die eigene Familie im Lauf der Zeit wirklich verändern."

Marion B., Hobby-Ahnenforscherin

„In meiner Linie väterlicherseits – also von meinem Vater, Großvater, Urgroßvater – gab es immer ein großes Interesse an Büchern. Mein Urgroßvater war um 1900 in Köln im Buchhandel tätig, was mir nicht bewusst war, bis ich eben die Unterlagen gefunden habe. Und später wurden von meinem Großvater zu meinem Vater bis zu mir auch Bücher gesammelt oder vererbt. Das Buchthema ist so ein Thema, das sich in der Linie durchzieht."

Stefan K., Hobby-Ahnenforscher

schützten Ort. Ob Ahnenforschung tatsächlich einen direkten Einfluss auf das Leben der heutigen Generationen hat? Diese Frage muss wohl jeder Ahnenforscher für sich beantworten. Die Beschäftigung mit der eigenen Familiengeschichte schärft auf jeden Fall den Blick, macht uns offener für gesellschaftspolitische Fragen und erweitert den (historischen) Horizont. Der weit verzweigte Stammbaum ist ein schönes Symbol für die Verästelung der Familie.

Es ist ganz natürlich, die Wurzeln der eigenen Familie suchen, finden und verstehen zu wollen. Auch wenn dieses „Erbe" nur marginal für unsere persönliche Entwicklung verantwortlich ist, freut es alle Ahnenforscher, wenn sie ein Detail entdecken, das sie auf ihr eigenes Leben umdeuten können: eine Sammel-Leidenschaft, die bereits der Ururgroßvater gepflegt hat, handwerkliches Können, das über Generationen weitergegeben wurde, charakterliche Eigenschaften, Ähnlichkeiten in Gestik und Mimik, die man bei sich selbst wiedererkennt.

„Man fühlt sich dadurch nicht kompletter, sondern man fühlt sich aufgehobener. Da hat man plötzlich ganz viele Menschen, die hinter einem stehen – und ob die jetzt alle gut waren oder böse oder sonst was, das ist nicht mehr so relevant. Man ist Teil des Stroms der Zeit."

Marion B., Hobby-Ahnenforscherin

„Was es mir auf jeden Fall gebracht hat, ist, dass ich jetzt stärkeren Kontakt zu manchen Familienmitgliedern habe. Es sind auch Kontakte entstanden zu Verwandten, die ich bisher gar nicht gekannt habe."

Petra K., Hobby-Ahnenforscherin

Hunderte Vorfahren, hunderte Namen, hunderte Daten. Wer sich auf Ahnenforschung einlässt, braucht einen langen Atem. Doch besonders schön sind in diesem Zusammenhang die vielen Gespräche, die geführt werden, die Menschen, die man kennenlernt.
Schließlich sind wir alle nur kleine Rädchen im großen Weltgetriebe. Wenn es all diese Personen nicht gegeben hätte, wenn sie nicht geheiratet und Kinder bekommen hätten, dann würde es uns heute gar nicht geben. Die Beschäftigung mit der Familiengeschichte ist jedoch nicht nur für den Ahnenforscher selbst erfüllend, sie erfüllt auch noch andere Funktionen. Die Forschungsergebnisse können an die nachfolgenden Generationen weitergegeben werden und sind ein schöner Anlass

„Man weiß nie, wer einem begegnet. Ich habe schon Menschen erlebt – vor allem aus der Generation meiner Großeltern –, die ihre Geschichte im Grunde bereits aufgeschrieben hatten und diese im Interview zum Teil vorlesen, zum Teil erzählen. Man merkt, dass es schon eine Auseinandersetzung mit der eigenen Lebensgeschichte gab und wo ich als Interviewerin vor allem die Funktion habe, zu vermitteln."

Maria Pohn-Lauggas, Soziologin

für Gespräche mit den Verwandten. Familienalben oder auch Familienfilme sind plötzlich nicht mehr nur nostalgische Erinnerungen, sondern werden zu spannenden Zeitzeugnissen.
Und selbst wer nicht aktiv Ahnenforschung betreibt, sondern seine Erinnerungen im Rahmen eines Projektes der **wissenschaftlichen Forschung** (siehe Kapitel 7, ► Seite 133) zur Verfügung stellt, beschäftigt sich vielleicht schon lange unbemerkt mit der eigenen Familiengeschichte. In der wissenschaftlichen Biografieforschung beobachten die Wissenschaftler bei ihren Interviews und Gesprächen verschiedene Verhaltensweisen.
Gerade die Generation, die den Zweiten Weltkrieg erlebt hat, schwieg lange. Forscher, die diese Menschen heute befragen, bekommen jedoch oft die Rückmeldung, es sei erstmalig so gewesen, dass ihnen jemand derart lange zugehört habe – ohne gleich nachzuhaken oder die Erzählung in eine andere Richtung zu lenken. Für viele Zeitzeugen ist es eine außergewöhnliche Situation, mehrere Stunden Zeit zu haben, um die eigene Geschichte zu erzählen. Hobby-Ahnenforscher sollten sich daran ein Beispiel nehmen und ihre Gespräche mit Verwandten zeitlich großzügig gestalten. Fürs Nachfragen kann ein zweiter Termin vereinbart werden (siehe Kapitel 1, ► Seite 19). Ein solches Gespräch ist damit nicht nur für den Ahnenforscher von unschätzbarem Wert, es kann auch für den Interviewten selbst ein Anlass sein, sich mehr mit der eigenen Geschichte zu beschäftigen. Das intensive Nachdenken, das Sich-Erinnern, das Abwägen und Entscheiden, was erzählt wird und was nicht, führt zu einer

„Ich habe in Brasilien ein Interview mit einem jungen Mann, Anfang 30, geführt und ihn gebeten, zum zweiten Termin Fotos mitzubringen. Er ist nach Hause gefahren und hat die Mutter gefragt, ob sie ihm Fotoalben heraussuchen kann. Diese Alben lagen dann auf dem Tisch und die Familie hat angefangen, sich die Bilder anzusehen und dabei über ihre Familiengeschichte zu sprechen. Das wiederum hat er mir im zweiten Interview erzählt. Hier wurde also wirklich ein Prozess in Gang gesetzt."

Roswitha Breckner, Soziologin

Auseinandersetzung mit Vorgängen, die vielleicht vor dem Gespräch keine oder kaum Relevanz hatten.
Ahnenforschung kennt keine Grenzen, sie verbindet Menschen. Als etwa eine weitschichtig verwandte Großtante des Ahnenforschers Michael E. starb, fand er im Nachlass eine Schachtel mit Fotografien. Niemand war ihm auf den ersten Blick bekannt. So stellte er einige Bilder ins Internet und wartete. Schließlich kam eine Mail von einer jungen Frau aus Deutschland: Das sei ihre Familie, die man da auf den Fotografien sehen könne, schrieb sie. Es folgten ein Treffen in Wien, die Übergabe der Fotoschachtel und schließlich die verwandtschaftliche Klärung.

„Also das ist ganz einfach: Der Bruder von Nadjas Ururgroßvater heiratete die Schwester des Vaters der Stieftochter des Cousins meines Urgroßvaters."

Michael E., Hobby-Ahnenforscher

Wissenschaftliche Biografieforschung

Lebenserzählungen als Basis wissenschaftlicher Arbeit sind in zahlreichen Disziplinen nicht mehr wegzudenken. Oral history – „Geschichte von unten".

Wer Ahnenforschung nur für den privaten Gebrauch betreibt, verwendet dennoch wissenschaftliche Werkzeuge wie Quellensuche, Recherche, Datenerhebung und -auswertung. Diese Arbeitsschritte werden in zahlreichen wissenschaftlichen Disziplinen angewendet. Die Biografieforschung beschäftigt sich mit autobiografischen Äußerungen von Personen, die in einen historischen und gesellschaftlichen Kontext gestellt werden. Aus der Wissenschaft ist die Biografieforschung mittlerweile nicht mehr wegzudenken. Vor allem in den Disziplinen Geschichte, Bildungswissenschaft, Soziologie und Psychologie werden biografische Angaben und Erzählungen gerne verwendet, denn sie erschließen neue Sichtweisen auf gesellschaftliche Phänomene und machen historische Entwicklungen verständlicher. Grundsätzlich besteht die Biografieforschung aus biografischen Erzählungen, die später anonymisiert und in schriftliche Form gebracht werden. Anhand der Narrationen können Rückschlüsse oder Vergleiche gezogen werden.

Geschichte

Im Studienfach **Geschichte** sind Biografien seit jeher ein nicht wegzudenkender – jedoch bisweilen sehr männerdominierter – Teil der Disziplin: Die großen Philosophen, die großen Politiker, die großen Welteneroberer – ihre Biografien sind bekannt. Einige wenige große Frauen gab es freilich: Kaiserin Maria Theresia oder Bertha von Suttner zum Beispiel. Darüber, wie eine Biografie auszusehen hat, gab es immer wieder lebhafte Diskussionen. So meinte etwa der deutsche Historiker Hans-Ulrich Wehler Ende der 1970er-Jahre über allzu blumige Formulierungen in Biografien:

„Vorausdenkende Unternehmer, rauchende Schlote, schweißglänzende Arbeiterrücken – derartige Bilder erfassen nicht den

Wechsel von Leitsektoren, die Bedeutung von Nettoinvestitionsraten, die Entstehung von Klassenstrukturen, die Härte von Konfliktlagen, die Folgen von Interessenhomogenität."

In der modernen Geschichtswissenschaft geht man neue Wege, man spricht von der „Geschichte von unten". Biografien „normaler" Menschen, von Menschen aus dem Volk, werden in die Analyse miteinbezogen. Doch stets nach den strengen Regeln wissenschaftlichen Arbeitens, die da wären: Objektivität und das Streben nach Wahrheit. Es geht nicht darum, eine möglichst schöne Familiengeschichte oder Einzelbiografie zu erzählen, sondern eine möglichst richtige. Quellenangaben und Recherchewege müssen nachvollziehbar und klar sein. Sorgfalt und Genauigkeit sind Voraussetzungen für eine wissenschaftliche Auseinandersetzung mit Biografien. Individuelle Erlebnisse haben Auswirkungen auf kollektive Prozesse, sie beeinflussen den Gang der Welt.
Die mündlichen Erzählungen werden später verschriftlicht, anonymisiert und einer detaillierten Textanalyse unterzogen; das heißt, es wird nach Auffälligkeiten oder bestimmten Strukturen geforscht. Dafür gibt es zahlreiche wissenschaftliche Verfahren und Methoden. Die jeweilige Biografie kann nach qualitativen oder quantitativen Gesichtspunkten analysiert werden.
In zahlreichen aktuellen geschichtswissenschaftlichen Projekten liegt der Fokus auf **Biografien von Frauen**. Diese Narrationen wurden jahrzehntelang nicht bearbeitet und von Archiven nicht

Info. An der Universität Wien bewahrt das Institut für Geschichte in der „Sammlung Frauennachlässe" seit den 1990er-Jahren die Lebensgeschichten einfacher Frauen auf. Derzeit sind es über 400 (Stand Jänner 2020), das Archiv wird laufend erweitert. Vorrangiges Interesse besteht an Nachlässen von Frauen, die keiner bestimmten Berufs- und Personengruppe oder politischen Partei angehörten (https://www.univie.ac.at/Geschichte/sfn).

für wert befunden, aufbewahrt und analysiert zu werden. Die wissenschaftliche Bearbeitung des Alltags von Frauen, die in den vergangenen ein- bis zweihundert Jahren gelebt haben, ist besonders schwierig. Biografien von nicht berufstätigen Müttern und Ehefrauen oder von Wäscherinnen, Bäuerinnen, Näherinnen bestehen oft aus nur Geburts-, Heirats- und Todesdatum; dazwischen liegen die Geburten von Kindern.

Autobiografisches Schreiben gab es in früheren Zeiten vor allem in adeligen Familien und im kirchlichen Bereich. Geschrieben haben vornehmlich Männer, doch mit zunehmender Bildung (vor allem von Frauen) wurden im 19. Jahrhundert Tagebücher,

Info. Die Geschichtswissenschaft bedient sich des Werkzeugs Oral History – wörtlich: erzählte Geschichte. In einem narrativ-biografischen Interview, das als Audio oder Video aufgezeichnet wird, steht die autobiografische Erzählung im Vordergrund. Die Forscher versuchen, so wenig wie möglich zu intervenieren. Es handelt sich also um sehr impulsive Stegreiferzählungen. Voraussetzung sind Vertrauen und Offenheit zwischen den Gesprächspartnern.

briefliche Korrespondenz und andere Formen autobiografischen Schreibens zunehmend beliebt. Das erreichte rund um den Ersten Weltkrieg einen Höhepunkt. Die Forscherinnen der Universität Wien waren überrascht, wie viel schriftliches Material sie aus dieser Zeit entdeckten. Gesammelt werden Tagebücher, Korrespondenzen und amtliche Dokumente, aber auch alte Kalender, Schulhefte und Haushaltsbücher. Letztere zeigen zum Beispiel, wie ein bürgerlicher Haushalt in Krisenzeiten gemanagt wurde, was angekauft wurde, wie sich das Konsumverhalten im Lauf der Zeit änderte. Ein besonders berührendes Objekt der Sammlung ist ein sogenanntes Aufschreibbuch einer (unbekannten) Frau, es stammt aus den Jahren 1848/49.

„Sie trägt in dieses Buch zunächst nur die Geburtsdaten und die Todesdaten ihrer Kinder ein. Man sieht, dass zu dieser Zeit die Kindersterblichkeit sehr hoch war – manchmal macht sie nur ein Kreuz hinter dem Namen. Und dann mündet diese Form des Schreibens plötzlich nach ein paar Seiten in eine Erzählung des Geschehens während der Revolution."

Christa Hämmerle, Historikerin

Durch genaue Analyse und Kontextualisierung, also indem dieses Dokument ins Zentrum gestellt und mit dem handwerklichen historischen Know-how gedeutet wird, könne es – als einzig überliefertes Zeugnis des Lebens dieser Frau – ein ungemein bedeutsames Zeugnis werden, ist Christa Hämmerle überzeugt. Historiker beschäftigen sich aber nicht nur mit dem, was in Tagebüchern, Briefen oder anderen Quellen geschrieben steht, sondern auch mit dem, was fehlt: ausgestrichene Teile in Tagebüchern, fehlende Antworten in der Korrespondenz oder Leerstellen in Fotoalben. Die Überlieferungen sind lückenhaft und stets einer subjektiven Auswahl unterworfen, das Leben verläuft nicht linear. Der französische Soziologe und Philosoph Pierre Bourdieu formulierte es im Jahr 1986 folgendermaßen:

„Vielleicht huldigt man überhaupt nur einer rhetorischen Illusion, […] wenn man eine Lebensgeschichte produziert und das Leben als eine Geschichte behandelt, das heißt als kohärente Erzählung einer signifikanten und auf etwas zulaufenden Folge von Ereignissen."

In den Biografien sind die vielen Widersprüche und Ambivalenzen, die es in einem Menschenleben gibt, meist nicht dokumentiert. Menschen agieren nicht immer kohärent; sie haben verschiedenste Identitätsentwürfe, die sie erproben, neu gestalten, aber auch wieder verwerfen. Gerade die politische Geschichte des 20. Jahrhunderts zeigt zahlreiche biografische Verwerfungen: Flucht, Migration, Gewalteinwirkung. All diese Aspekte gilt es in der Bewertung eines biografischen Interviews zu bedenken.

Soziologie

Im wissenschaftlichen Studienfach **Soziologie** hatte die Biografieforschung ihre Geburtsstunde in den frühen 1920er-Jahren in den USA. Ein zufälliger Fund – ein Brief polnischer Einwanderer – des amerikanischen Soziologen William Isaac Thomas gab den Anstoß.

Info. Bei einem Spaziergang fand der Soziologe William Isaac Thomas in einem Müllsack einen Brief polnischer Einwanderer. Dieser Brief faszinierte ihn dermaßen, dass er beschloss, mit seinem Kollegen Florian Znaniencki – der aus Polen stammte – eine Studie über die polnische Migration zu machen. In diesem Zusammenhang argumentierte er erstmals für die Soziologie: nämlich, warum anhand von biografischem Material auch Gesellschaftsanalyse betrieben werden könne. Die beiden Wissenschaftler meinten, dass die Transformationsprozesse, die durch die massive polnische Migration in die USA in dieser Zeit stattfanden, auch durch die Lebensgeschichten dieser Personen vollzogen worden seien.

In der Soziologie werden übrigens – im Gegensatz zur Literatur – jene Menschen, die in langen Interviews über ihr Leben erzählen, als Biograf bzw. Biografin bezeichnet. Für die Forscher ist eine Biografie ein soziales Konstrukt, das sich in historischen und gesellschaftlichen Prozessen und Strukturen ausgestaltet und unter diesen Gesichtspunkten interpretiert werden muss. Ähnlich wie Historiker beschäftigen sich auch Soziologen mit der Geschichte „von unten".

> „Wir gehen davon aus, dass die große Geschichte auch in jeder Einzelgeschichte vorkommt. Deshalb können wir auch aus Einzelgeschichten sehr viel an Erkenntnissen in Bezug auf gesellschaftliche Zusammenhänge, Transformationen etc. herauslesen, weil wir an den Orientierungsmustern der Biografen interessiert sind. Uns interessiert, wie sich diese Orientierungs- und Handlungsmuster entwickelt und verändert haben."
>
> Roswitha Breckner, Soziologin

Nach 1945 spielte die Biografieforschung in der österreichischen Forschungslandschaft keine große Rolle. Verdrängen und Vergessen des gerade erst Erlebten standen im Vordergrund. Jüdische Forscher waren tot oder vertrieben, der fragwürdige „Ariernachweis" warf einen dunklen Schatten auf das Thema Ahnen- bzw. Biografieforschung. Erst in den 1970er- und 1980er-Jahren erkannte die Wissenschaft das Potenzial der Auswertung und Integration biografischer Daten. Der Bildungswissenschaftler Jürgen Oehlkers sagte 1974: „Gegenstand von Biografien sind Personen in Handlungskontexten, weder nur Personen noch nur Handlungskontexte."

In Österreich stellte schließlich die Waldheim-Debatte Ende der 1980er-Jahre einen Wendepunkt in der Beschäftigung und Aufarbeitung der NS-Vergangenheit des Landes dar. Langsam begannen die Menschen zu erzählen, was ihnen passiert war oder was sie beobachtet hatten. Diese Narrationen wurden in die Forschungen integriert.

Bei Erzählungen von Zeitzeugen geht es den Soziologen neben dem Inhalt auch darum, wie Erinnerungen und Erlebtes innerhalb einer Familie weitergegeben werden oder eben auch nicht. Wie in Fotoalben oder Tagebüchern sind Auslassungen ein wichtiger Teil der Erzählung. Zu diesem Zweck werden in Forschungsprojekten gerne Gespräche mit mehreren Familienmitgliedern geführt und dann verglichen. Decken sich die Erzählungen der Großeltern mit dem, was Eltern ihren Kindern erzählen? Und wie werden diese Narrative von der nächsten Generation weitergetragen?

„Hier kommt stark diese soziologische Perspektive rein, nämlich, dass diese Handlungsproblematiken in ganz bestimmten gesellschaftlichen Strukturen – das heißt, auch in ganz bestimmten gesellschaftlichen Macht- und Herrschaftsverhältnissen – produziert werden. Und dass die Biografin ihre eigene Biografie in permanenter Auseinandersetzung mit diesen Verhältnissen ausbildet. Man kann dann rekonstruieren, welche Handlungen vielleicht auch möglich gewesen wären und welche nicht gesetzt werden konnten. Damit werden mögliche gesellschaftliche Veränderungen erfasst, aber auch die Stabilität bestimmter gesellschaftlicher Verhältnisse wird sichtbar gemacht."

Maria Pohn-Lauggas, Soziologin

Die Quellen, mit denen Hobby-Ahnenforscher arbeiten, sind oft die gleichen, die auch wissenschaftliche Biografieforscher verwenden. So können Fotografien auch aus soziologischer Sicht viel über den Menschen bzw. die Gesellschaft erzählen. Die Fragen lauten: Was wird wann fotografiert, zu welchem Zweck und auf welche Weise? Forscher haben erkannt, dass es in Sachen Fotoalben gar nicht so viele Unterschiede zwischen früher (als die Bilder in Alben geklebt wurden) und heute (Stichwort Facebook) gibt. Abgebildet werden bestimmte Ereignisse wie Urlaube, Geburtstagsfeiern, Statusübergänge und Studienfeiern. Die soziologische Biografieforschung bezieht den Alltag in die Wissenschaft mit ein, denn gesellschaftliche Entwicklung und Transformation findet sehr stark im Alltag statt. Anders als in der Geschichte hat die Biografieforschung in der Soziologie viel mit der Gegenwart zu tun. Wenn es um die Vergangenheit geht, dann vor allem um den Aspekt, welche Rolle die Vergangenheit in der Gegenwart spielt.

Bildungswissenschaft

Eine weitere universitäre Disziplin, die sich mit Biografien beschäftigt, ist die **Bildungswissenschaft**. Hier beobachten Forscher die Bildungs- und Lebenswege der Menschen im gesellschaftlichen Kontext. In welchem Lebensabschnitt wird wie und was gelernt? Welchen Stellenwert hat Bildung für den weiteren Lebensweg des Menschen? Welche sozialen und bildungspolitischen Komponenten spielen in der Ausbildung eine Rolle?
Aktuell ist die Biografieforschung vor allem im Zusammenhang mit Fluchtbewegungen ein Thema in universitären Projekten. So beschäftigen sich Forscher etwa damit, welche Erfahrungen junge Geflüchtete bei ihrer Ankunft in Österreich machen, was sie erzählen und was nicht (auch hier sind wieder – wie bereits an anderen Stellen dieses Buches erwähnt – die Leerstellen ein besonders spannender Teil der Narration); in welcher Sprache wird erzählt und wie können diese Erzählungen (wörtlich und inhaltlich) übersetzt werden. Doch auch Biografien älterer Generationen sind in der Bildungswissenschaft von großer Bedeutung. Durch Zeitzeugengespräche, die Erzählungen jener Menschen, die Krieg, Hunger, Elend und Verfolgung selbst erlebt haben, ergeben sich Parallelen, eröffnen sich neue Perspektiven und Spannungsfelder.
Im Bereich der Bildungswissenschaft (früher: Pädagogik) gibt es bereits im 18. Jahrhundert Hinweise darauf, dass Lebensläufe erforscht wurden. Ein Beispiel ist der autobiografische Erziehungsroman „Émile" von Jean-Jaques Rousseau aus dem Jahr 1762, in dem zahlreiche pädagogische Prinzipien abgehandelt werden.

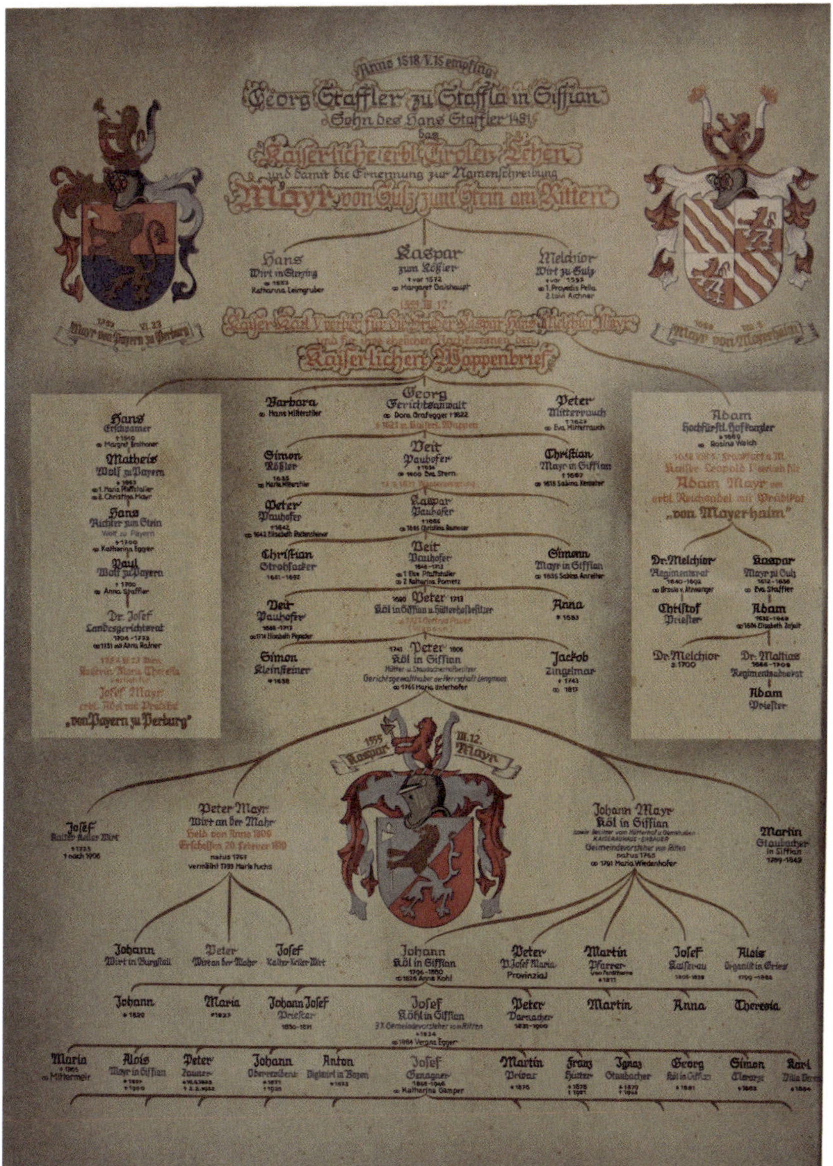

Wikipedia, public domain

Psychologie

Wissenschaftliche Biografieforschung wird auch im Fach **Psychologie** betrieben. Und zwar in einer sehr praxisnahen Art und Weise, der Biografiearbeit. Es geht um die Beschäftigung mit der Geschichte einer Person, wobei man sich aus der Vergangenheit Antworten auf Fragen der Gegenwart erwartet. In vielen Fällen wird zunächst ein Stammbaum des Klienten erstellt und so viele Informationen wie möglich werden erfragt. Hier folgen Forscher ähnlichen Strukturen und Pfaden wie andere Ahnenforscher auch. Sie suchen das Gespräch und verwenden ähnliche Quellen – Tagebücher, Korrespondenz, Fotoalben etc. Meist geht die Forschung aber nur bis zu den Großeltern zurück. Ergänzt werden die Recherchen mit sehr persönlichen Fragen an die Klienten; es geht um die Gefühle und Emotionen, die durch die Erforschung der Familiengeschichte ausgelöst wurden, um Zweifel, die an diesen Erzählungen bestehen oder auch um das Erstaunen, das so manche Familiengeheimnisse im Klienten auslösen. Schließlich werden Muster, Parallelen oder Synchroni-

zitäten in der Familiendynamik herausgefiltert und bearbeitet. Mithilfe von Familienaufstellungen oder anderen therapeutischen Interventionen können negative Einflüsse verarbeitet werden. Verwendet werden solche Familienaufstellungen sowohl in Einzeltherapien wie auch in Paartherapien, wo die Herkunftsgeschichte eines Partners drastische Auswirkungen auf das Zusammenleben haben kann.

Neben Geschichte, Soziologie, Bildungswissenschaft und Psychologie analysieren Wissenschaftler vieler anderer Disziplinen in ihren Bereichen Biografien. Die einen, um den gesellschaftlichen Wandel besser zu verstehen, die anderen, um politische Umwälzungen zu verifizieren. Wer Teil eines solchen Projektes war oder ist, wird vielleicht damit beginnen, auch innerhalb der eigenen Familie nachzufragen. Und so schließt sich der Kreis von der **Ahnenforschung** zur Biografieforschung und wieder retour.

Service

Batthyany S (2016) Und was hat das mit mir zu tun? Ein Verbrechen im März 1945. Die Geschichte meiner Familie. Kiepenheuer & Witsch, Köln

Biewer L (2017) Wappen. Handbuch der Heraldik. Böhlau, Köln

Braun M (2015) Deutsche Schreibschrift – Kurrent und Sütterlin lesen lernen. Handschriftliche Briefe, Urkunden, Rezepte mühelos entziffern. Knaur Kreativ, München

Brunner B (2017) Nach Amerika. Die Geschichte der deutschen Auswanderung. CH Beck, München

Derschmidt F (2015) Sag du es deinem Kinde. Löcker, Wien

Fischerauer B (2017) Burli. Picus, Wien

Frank-Döfering P (1989) Adelslexikon des Österreichischen Kaisertums. Herder, Wien Freiburg Basel

Grun PA (1984) Leseschlüssel zu unserer alten Schrift (Reprint der Ausgabe von 1935). C.A. Starke Verlag (nur antiquarisch)

Gundacker F (2000) Genealogisches Wörterbuch Deutsch, Latein und Tschechisch. Eigenverlag (zu beziehen über kontakt@FelixGundacker.at)

Gundacker F, Wallauch N (2006) Ahnenforschung für Einsteiger. So erstellen Sie Ihren Stammbaum. Wirtschaftsverlag Ueberreuter, Wien

Haberkern E, Wallach JF (2001) Hilfswörterbuch für Historiker. Mittelalter und Neuzeit (2 Teile). UTB, Stuttgart

Haidinger M (2016) Franz Josephs Land. Eine kleine Geschichte Österreichs. Amalthea, Wien

Herold J (2019) Jacob Jacobson. Der beste Genealoge seiner Zeit. Hentrich & Hentrich, Berlin

Heydenreich E (1913) Handbuch der praktischen Genealogie (2 Bände). Degener, Leipzig

Hirsch M (2012) Family Frames. CreateSpace Independent Publishing Platform, USA

Iggers W (1986) Die Juden in Böhmen und Mähren. CH Beck, München

Ivo H (2006) Familienforschung leicht gemacht. Anleitungen, Methoden, Tipps. Piper, München Zürich

Joergens B (Hrsg) (2011) Jüdische Genealogie im Archiv, in der Forschung und digital. Quellenkunde und Erinnerung. Klartext, Essen

Klein AK (2019) Google – das mächtige Werkzeug für Deine Ahnenforschung (independently published)

Kunze K (2003) Namenkunde. Vor- und Familiennamen im deutschen Sprachgebiet. Dtv, München

Lohre M (2016) Das Erbe der Kriegsenkel. Gütersloher Verlagshaus, Gütersloh

Lorenz O (2013) Lehrbuch der gesamten wissenschaftlichen Genealogie. EHV-History, Bremen

Matzke J (2019) Von Glauchau nach Brasilien. Auswandererbriefe von Ida und Ottokar Dörffel (1854 – 1906). Mitteldeutscher Verlag, Halle (Saale)

Minert RP (2004) Alte Kirchenbücher richtig lesen. Brockhaus, Wuppertal

Mitterauer M, Sieder R (1982) Historische Familienforschung. Suhrkamp, Frankfurt am Main

Oppermann H (2007) Die Enkel der Donauschwaben. Geschichten aus zwei Heimaten. BoD – Books on Demand GmbH, Norderstedt

Palla R (1998) Das Lexikon der untergegangenen Berufe. Eichborn, Frankfurt

Puchner K (1936) Lateinische Berufsbezeichnungen in Pfarrmatrikeln. Weber J, Hirschenhausen

Ribbe W, Henning E (2006) Taschenbuch für Familiengeschichtsforschung. Degener, Neustadt/Aisch

Riepl R (2009) Wörterbuch zur Familien- und Heimatforschung in Bayern und Österreich, 3. Aufl. Eigenverlag, Waldkraiburg

Schmoldt H (1990) Kleines Lexikon der biblischen Eigennamen. Reclam, Stuttgart

Schneider M, Süss J (Hrsg) (2015) Nebelkinder. Europaverlag, Berlin

Schrötter HJ (2015) Kleines Europa-Lexikon. Geschichte, Politik, Recht. Dtv, München

Senfft A (2016) Der lange Schatten der Täter.
Piper, München

Süß H (2004) Deutsche Schreibschrift. Lesen und Schreiben lernen. Knaur, München

Tressel A (2002) Ungarische Familiennamen im deutschen Sprachgebiet. Blattlaus, Saarbrücken

Van der Horst W (2003) Meine Familiengeschichte. Der praktische Ratgeber zur Ahnenforschung. Herder, Freiburg im Breisgau

Verdenhalven F (1969) Familienkundliches Wörterbuch. Degener & Co, Neustadt an der Aisch

Weiss V (2013) Vorgeschichte und Folgen des arischen Ahnenpasses. Zur Geschichte der Genealogie im 20. Jahrhundert. Arnshaugk, Neustadt an der Orla

Welzer H et al. (2002) Opa war kein Nazi. Nationalsozialismus und Holocaust im Familiengedächtnis. Fischer, Frankfurt am Main

Wonneberger A et al. (2018) Familienwissenschaft. Grundlagen und Überblick. Springer Fachmedien, Wiesbaden

Ziegler M (2016) Österreichisches Gedächtnis. Über Erinnern und Vergessen der NS-Vergangenheit. Studien-Verlag, Innsbruck

Smart Home verspricht intelligentes und komfortables Wohnen. Mittels entsprechender Technologien werden Alltagsvorgänge automatisiert und Einstellungen, wie beispielsweise von Heizung, Licht und Lautsprechern, per Computer oder Smartphone schnell und einfach an persönliche Bedürfnisse angepasst. In den vergangenen Jahren wurden zahlreiche Systeme, Standards, Plattformen und Geräte herausgebracht, die unter dem Oberbegriff Smart Home die Wohnräume der Menschen erobern sollen. Im Dschungel der Möglichkeiten verliert man allerdings schnell die Orientierung. Dieses Buch hilft Smart-Home-Interessierten und -Nutzern dabei, die Übersicht zu bewahren und ermöglicht einen einfachen Einstieg. Von A wie Automation bis Z wie Zigbee und Z-Wave werden Hintergründe, Möglichkeiten, Standards und Systeme erläutert und gezeigt, wie sich smarte Projekte Schritt für Schritt umsetzen lassen.

Flexcover, 160 Seiten, € 19,90
ISBN 978-3-99013-092-6
www.konsument.at/smarthome

Wovor fürchten sich Herr und Frau Österreicher? Was macht das Wesen der Angst aus? Welche Ängste begleiten uns durch das Leben? Wer betreibt das Geschäft mit der Angst? Warum schlägt sich Angst manchmal auf den Magen? Warum kann die Angst vor Krankheit tatsächlich krank machen? Wo verläuft die Grenze zwischen „normaler" und „krankhafter" Angst? Welche Ursachen können zu einer Angststörung führen und wie kann eine Angststörung diagnostiziert werden?
Dieses Buch gibt Anregungen und Antworten in der Auseinandersetzung mit dem Phänomen Angst. Und es leistet Hilfestellung für alle Betroffenen. Es informiert über professionelle Hilfsangebote und darüber, was man für sich selbst tun kann, um den eigenen Ängsten entgegenzutreten.

Flexcover, 260 Seiten, € 19,90
ISBN 978-3-99013-087-2
www.konsument.at/angst

Das österreichische Testmagazin

Ihr Ratgeber für den täglichen Einkauf.
Jeden Monat mit Tests, Reports und Analysen.
Ohne Inserate, deshalb unabhängig von Firmen.
Nur dem Leser verpflichtet.

Beratung & Konsumentenschutz

Wir beraten Sie vor und nach dem Kauf.
Und helfen Ihnen, zu Ihrem Recht zu kommen.
In **Musterprozessen** zeigen wir Missstände auf.
Besserer Konsumentenschutz ist das Ziel.

Test-Urteile

Test ist nicht gleich Test.
Nur Konsumentenschutzorganisationen wie der VKI
prüfen nach international anerkannten Standards.
Deshalb ist auf unsere Testergebnisse Verlass.
Strenge Qualitätsrichtlinien zeichnen unsere Arbeit aus.

Wir sind für Sie da

Aboservice
Für Fragen zu Ihrem KONSUMENT-Abonnement, für Adressänderungen sowie für Buchbestellungen wählen Sie Tel. 01 588 774 (Mo–Do 8–16 Uhr, Fr 8 – 14 Uhr)

Beratung
Die Experten unseres Beratungszentrums sind unter Tel. 01 588 77-0 erreichbar (Mo – Fr 9 – 13 Uhr)

Persönliche Beratung
Wien: Mariahilfer Straße 81, Tel. 01 588 77-0
(Terminvereinbarung, Mo und Mi 9 – 18 Uhr,
Di, Do, Fr 9 – 16 Uhr, Kostenbeitrag 25 €)
Innsbruck: Maximilianstraße 9, Tel. 0512 58 68 78
(Mo – Do 8 – 12 Uhr)

Besuchen Sie uns im Internet **www.konsument.at**